LUCA STEFANO CRISTINI

LE MURA DI BERGAMO

E L'ESERCITO VENETO FRA 500 E 600

VENETIAN ARMY AND FORTRESS IN XVI AND XVII CENTURIES

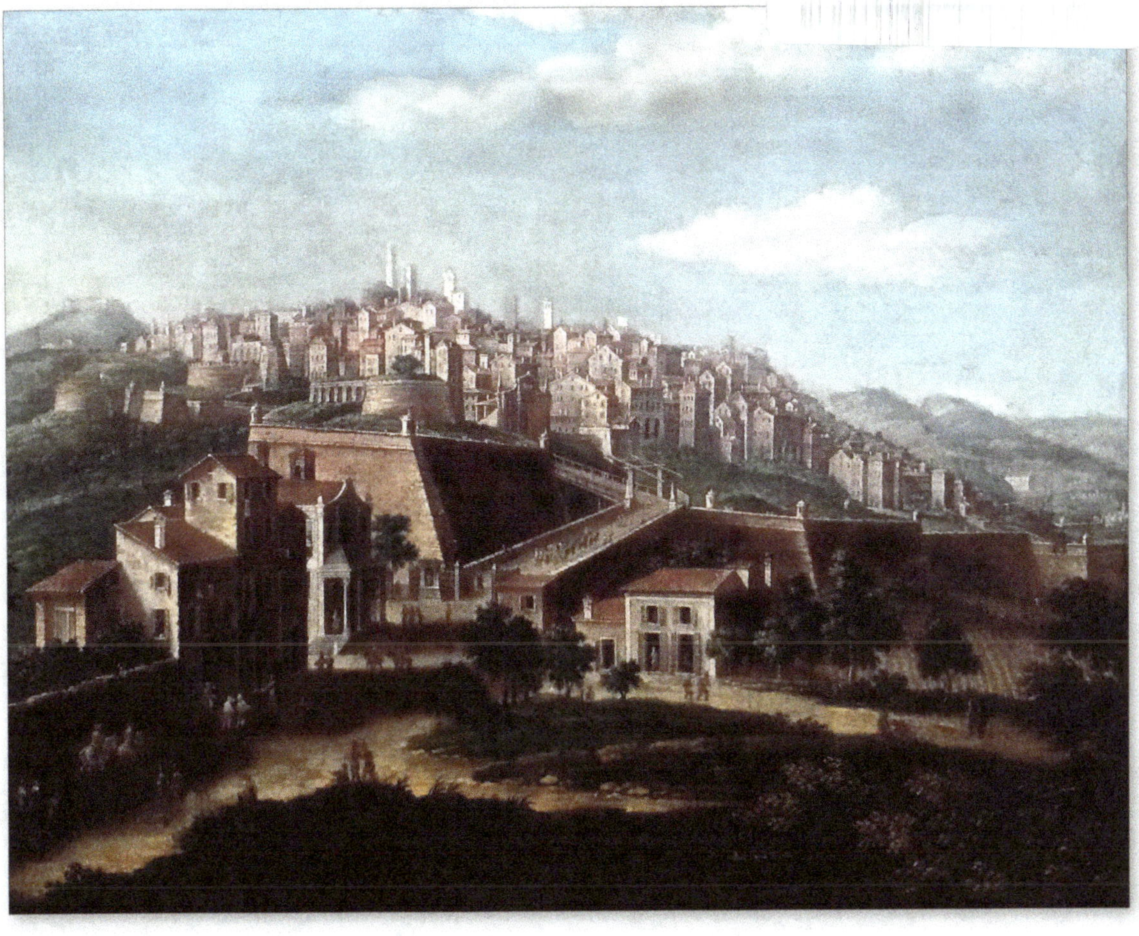

WAR IN COLOUR

SOLDIERSHOP PUBLISHING

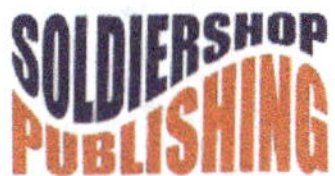

NOTE SULL' AUTORE

Luca Stefano Cristini, bergamasco, appassionato da sempre di storia militare. Dirige da diversi anni riviste nazionali specializzate di carattere storico e uniformologico. Ha al suo attivo numerose collaborazioni con i principali editori di materie storiche come Albertelli, De Agostini, Mondadori (Focus), Isomedia, Il Giornale ecc. per varie loro pubblicazioni. Ha pubblicato un importante lavoro, su due tomi, dedicato alla guerra dei 30 anni (1618-1648) il primo mai stampato in Italia sull'argomento.
Luca Cristini ha al suo attivo molti titoli delle collane Soldiershop sia in qualità di autore che di illustratore.

NOTE EDITORIALI

Tutto il contenuto dei nostri libri, in qualsiasi forma prodotti (cartacei, elettronici o altro) quando non diversamente specificato è copyright soldiershop.com. I diritti di traduzione, riproduzione, memorizzazione con qualsiasi mezzo, digitale, fotografico, fotocopie ecc. Sono riservati per tutti i Paesi. Nessuna delle immagini presenti nei nostri libri può essere riprodotta senza il permesso scritto di soldiershop.com. L'Editore rimane a disposizione degli eventuali aventi diritto per tutte le fonti iconografiche dubbie o non identificate. I marchi Soldiershop Publishing, Bookmoon, Museum s e relative collane sono di proprietà di soldiershop.com o Luca Cristini Editore; di conseguenza qualsiasi uso esterno non è consentito. Ringraziamo Gioacchino Sparrone per le immagini dei reenactor in parte utilizzati nel nostro libro.

PUBLISHING'S NOTES

None of unpublished images or text of our book may be reproduced in any format without the expressed written permission of Soldiershop. com when not indicate as marked with license creative commons 3.0 or 4.0. Soldiershop Publishing has made every reasonable effort to locate, contact and acknowledge rights holders and to correctly apply terms and conditions to Content. In the event that any Content infringes your rights or the rights of any third parties, or Content is not properly identified or acknowledged we would like to hear from you so we may make any necessary alterations. In this event contact: info@soldiershop.com. Our trademark: Soldiershop Publishing @, The names of our series & brand: Museum book, Bookmoon, Soldiers&Weapons, Battlefield, War in colour, Historical Biographies, Darwin's view, Fabula, Altrastoria, Italia Storica Ebook, Witness To History, Soldiers, Weapons & Uniforms, Storia etc. are herein @ by Soldiershop.com.

LICENSES COMMONS

This book may utilize part of material marked with license creative commons 3.0 or 4.0 (CC BY 4.0), (CC BY-ND 4.0), (CC BY-SA 4.0) or (CCo 1.0). Or derived from publication 70 years old or more and recolored from us. We give appropriate attribution credit and indicate if change were made in the acknowledgements field. All our books utilize only fonts licensed under the SIL Open Font License or other free use license.

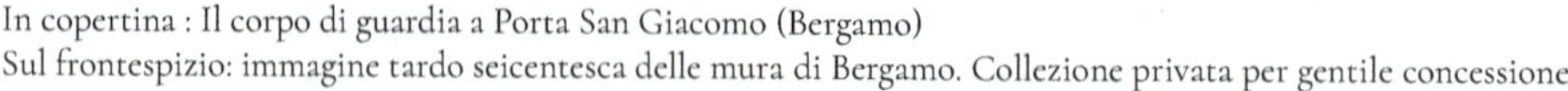

ISBN: 978-88-93273428   2a edizione: Aprile 2018
Titolo: Le mura di Bergamo e l'esercito veneto fra 500 e 600 (WIC-003) di Luca Stefano Cristini.

In copertina : Il corpo di guardia a Porta San Giacomo (Bergamo)
Sul frontespizio: immagine tardo seicentesca delle mura di Bergamo. Collezione privata per gentile concessione.

PREFAZIONE

orreva l'Anno del Signore 1590. Così scriveva un soddisfatto e pago Alvise Grimani, l'allora comandante veneto della piazza di Bergamo, al termine dei lavori di realizzazione degli oltre cinque chilometri di mura porte e bastioni :*"La città è tutta serrata con baluardi e i suoi membri quasi tutti terrapienati, compite le piazze, i parapetti e le traverse per coprirsi dalle vicine colline e la fortezza col circuito di tre miglia è bellissima "*. Dopo la sua prima nobile affermazione, in moltissimi hanno confermato e sottoscritto queste prime impressioni. Ancora oggi questa è l'immagine polare più comune. Bergamo, lo possiamo affermare senza tema di smentita, è una bellissima città; essa vanta un notevole numero di vestigia, monumenti, curiosità ecc. Tuttavia ciò che la rende universalmente nota e unica è certamente il suo fantastico *skiline*. Un'ideale scenografia in cui si specchia una città lussuosamente posta su ameni colli, abbracciata da quella favolosa corona che sono le sue mura venete, a loro volta impreziosite da una bella cortina di alberi tutt'attorno. In questo libro tuttavia, si racconta anche della Bergamo esistente prima delle mura rinascimentali. Quando a far da anello protettivo alla città orobica, ci pensavano le fortificazioni romane prima e quelle medievali poi. E nel dolce declivio che rimaneva libero fra il colle e i borghi al piano, si ergevano chiese secolari, ricchi conventi, ville patrizie, officine e case popolari. Questa Bergamo, pure assai bella, andò definitivamente persa proprio per dar vita al sogno della nuova fortezza cinquecentesca. Caddero così l'antica cattedrale di Sant'Alessandro, la chiesa e il convento di San Domenico, la chiesa di San Lorenzo ed insieme a loro altre centinaia di edifici che trasformarono irrimediabilmente il tessuto e il disegno cittadino. Con la nuova qualifica di fortezza, Bergamo vide, almeno in parte, cambiare anche il proprio tessuto sociale. Al brulicante mondo artigianale, contadino, ecclesiastico e patrizio di quel finire del XVI secolo si aggiunse la nuova realtà militare, nella concreta forma di una variegata guarnigione fatta di soldati veneti e mercenari di ogni dove. Il rumore dei cannoni, per fortuna "sparato" solo per addestramento, entrò a far parte del rumore cittadino insieme alla musica delle campane delle numerose chiese che in queste devote terre hanno sempre proliferato. Questo e molto altro sono gli argomenti e i capitoli, che arricchiti da numerose ed inedite immagini vi accompagneranno nella lettura di questo volume che speriamo soddisfi le vostre curiosità, svelando magari qualche segreto o aneddoto che ancora di più vi porti ad apprezzare e ad amare la mia bella città !

Questa seconda edizione appare arricchita e rinforzata da nuove aggiunte ed immagini. Essa intende in qualche modo anche festeggiare la recente "promozione" a patrimonio universale da parte dell'Unesco, qualifica alla quale anche personalmente ho dato il mio piccolo contributo, facendo parte sin dagli inizi del comitato promotore del progetto. In tale veste, parti della nostra prima edizione sono state utilizzate nel volume: "Terra di san Marco", promosso da Bergamo verso l'Unesco.

Luca Stefano Cristini

INDICE - CONTENTS

LE MURA VENETE DI BERGAMO

ANTEFATTI

el 1561 la Repubblica di Venezia decise la costruzione di una nuova cinta fortificata che difendesse la città di Bergamo. Città d'importanza strategica perché al tempo essa era posta al confine con lo stato di Milano, pertanto all'estremità occidentale dei domini veneti sulla terraferma. Qualche decennio dopo, nel 1593 sul fronte opposto, vale a dire sul confine est, Venezia completerà il suo *sbarramento difensivo* con la costruzione della città-fortezza di Palmanova. Bergamo e le valli bergamasche si erano già spontaneamente sottomesse a Venezia sul finire del 1427. Questo territorio era diviso in numerosi distretti, al centro dei quali era la città di Bergamo. La città orobica ebbe già, sin dall'epoca romana, una sua cinta murata che racchiudeva il borgo eretto sul colle. Mura che nel corso dei secoli vennero sempre più perfezionate riguardo alle esigenze militari del tempo. I maggiori interventi avvennero nei periodi longobardo, franco e medioevale. Di queste opere difensive medioevali (e romane) rimangono tuttora evidenti diversi resti di murature in vari luoghi della città.

Tuttavia nella prima metà del 400 tali strutture erano oramai obsolete e non adatte a garantire una sicura difesa di Bergamo. Ciononostante Venezia per oltre un secolo non se né curò particolarmente. I suoi interessi nel corso del XV secolo erano ancora molto legati al mare e al commercio e relative campagne navali nel Mediterraneo. Poi sulla fine del 400 fu scoperta l'America e le rotte oceaniche cominciarono a togliere importanza al tradizionale mercato che si produceva tra Europa e Medio Oriente. Per la Serenissima iniziò un lento ma inesorabile declino nel dominio dei commerci marittimi. Per questo fatto, Venezia iniziò quindi a rivolgere lo sguardo e un sempre maggiore interesse ai commerci che si sviluppavano sul continente, soprattutto con il centro Europa. A tal riguardo la terra bergamasca ebbe a rivestire un ruolo strategico di primissimo piano. Venezia oculatamente né favorì lo sviluppo con la

▶ **Il leone alato,** simbolo scelto da Venezia. Esso poteva apparire in due modi: con la zampa appoggiata sul vangelo di San Marco in tempo di pace. Brandendo la spada nell'altra zampa in tempo di guerra o di pericolo, come ben mostra questo esempio di leone del Regno di Candia di M.Boschini

The Venetian lion, the particular herladic sign choice by Venice to represent his nation. The lion with the sword are used only in the wartime.

◀ **Incisione seicentesca di Bergamo** e delle sue mura in una vecchia stampa coeva. Nel particolare risulta ben visibile la Porta di san Giacomo. Certamente la più scenografica degli accessi alla Città Alta.

XVII cent. Engraving of Bergamo and his strong walls. In the particular you may see the San Giacomo gate, the most finest of the town.

▲ **Il Bergamasco diviso ne' suoi distretti Venezia 1782 di Antonio Zatta.** Questa mappa rappresenta i confini ovest della Serenissima, mai più variati fino all'invasione francese di Napoleone, che come è noto misero fine alla secolare storia di Venezia.

Ancient map of Bergamo discrit, the West border of Venetian Republic. Engraving of 1782 by Antonio Zatta.

▶ **Vista della Piazza Vecchia di Bergamo,** storico centro sociale e politico della città, sulla quale si affacciano lo storico palazzo del Governo (Palazzo della Ragione), il palazzo del Podestà e le principali chiese e istituzioni religiose cittadine.
Opera di Luigi Deleidi, detto *"il Nebbia"*, Accademia Carrara di Bergamo.

View of the most famous "Piazza Vecchia" (Oldest square) of Bergamo. Political and social centre ot the Venetian town.

creazione di una particolare rete stradale che avrebbe collegato i suoi confini nord-occidentali con il Cantone Grigioni (e attraverso di esso con tutto il nord Europa). Per di più il Cantone era suo storico alleato e fino ad allora raggiungibile soltanto passando attraverso il Milanese, occupato dagli Spagnoli, e quindi soggetto a fortissimi dazi commerciali. Nacquero pertanto nuove vie o si riadattarono vecchie rotte, come la Strada *Mercatorum*, la Strada del Ferro, la Via Priula ecc. Quest'ultima, la più moderna, partiva da Porta San Lorenzo (è ancora oggi visibile la colonna dedicata, posta sulla fine di via San Lorenzo poco distante dalla omonima porta) e raggiungeva il passo di San Marco in alta Val Brembana, e da lì portava a Morbegno e quindi nei Grigioni. Prese il nome da Alvise Priuli, allora podestà di Bergamo che né ordinò la realizzazione negli anni 1592-93.

Queste rotte commerciali erano tuttavia esposte alla continua pressione dei potenti vicini, ma anche alle ambizioni espansionistiche francesi, che proprio in quegli anni prendevano di mira il Nord Italia. Ad Agnadello, a seguito della tragica sconfitta del 1509, la Repubblica del Leone fu addirittura sul punto di scomparire. Venezia riconquistò poi buona parte della Terraferma e la Bergamasca nel 1512, la riperse però nell'anno successivo, prima (nuovamente) per mano francese, poi per mano spagnola. Questi giunsero persino ad incendiare il Palazzo della Ragione. Nel 1515 fu poi il turno degli imperiali di Massimiliano d'Asburgo e finalmente nel 1516 la regione torna di nuovo in possesso (definitivo) alla Serenissima. Insomma la misura era colma. Venezia, fortunatamente riavutasi dalle grandi batoste subite da francesi, spagnoli e imperiali decise allora di adottare provvedimenti atti a proteggere efficacemente i suoi confini, e quindi l'esposta città di Bergamo, che in quel tempo rivestiva appunto una notevole importanza strategica. Molti furono i progetti esaminati, ma fin da subito, quello che raccolse il maggior consenso prevedeva la costruzione di un'imponente cinta muraria che avrebbe *incatenato* la parte collinare della città stessa, trasformandola in una vera e propria fortezza. Altra subitanea decisione, questa volta più politica che militare, fu quella di pensare a una fortificazione rivolta

soprattutto a scopi difensivi, e non invece per organizzarvi un attacco ai danni dei vicini domini spagnoli. Con tale decisione si rinunciò pertanto alla difesa di buona parte della città che nei secoli era cresciuta attorno e "sotto" alla storica collina. Del resto la lezione di Agnadello aveva insegnato alla Serenissima, che per i rapporti di forza e per mille altri buoni motivi, era meglio cercare soluzioni pacifiche con tutti quei potenti vicini che non fossero gli irriducibili nemici ottomani. Era insomma una tacita ammissione di rinuncia da parte di Venezia di ampliare i propri domini a Ovest. Per rassicurare i sospettosi spagnoli, si giunse persino a invitare i loro ambasciatori a visitare i cantieri di costruzione della fortezza. Le volute dimensioni ridotte difatti non potevano permettere l'ammassamento di grandi contingenti militari al punto di farne una testa di ponte per attaccare la città di Milano e i territori limitrofi. Gli spagnoli apprezzarono la cosa e il risultato fu che non vi furono più guerre fra i due stati vicini. Fra i primi personaggi che si occuparono della questione vi fu nel 1526, il generale Francesco Maria della Rovere il quale aveva riconosciuto in una sua relazione la necessità per Bergamo di potenti nuove fortificazioni non potendosi considerare le antiche mura sufficienti, perché in parte diroccate e cadenti. Il della Rovere tuttavia pensava solo ad interventi limitati di accomodamento delle vecchie mura con l'innalzamento di locali bastioni e rinforzi soprattutto verso Borgo Canale, alla Porta della Colombina, verso Borgo S. Caterina ed ancora verso il Colle della Fara. Trent'anni dopo ancora se ne discuteva, e nel luglio del 1560, le due più importanti cariche venete della città, il Podestà (capo politico) e il Capitano (capo militare) si espressero in maniera negativa circa la possibilità di fortificare Bergamo alta, e per scongiurare ogni oneroso intervento inviarono un rapporto dettagliato al senato della Repubblica a motivazione delle loro tesi.

► TAV A, 1565 I maggiorenti veneti di Bergamo invitano un ambasciatore straniero a visitare i cantieri. Durante la costruzione delle mura, Venezia si spinse ad invitare i confinanti spagnoli del ducato di Milano, affinché si rendessero conto della natura difensiva della fortezza. Nella scenografia, posta sullo sfondo di Porta sant'Alessandro vediamo da sinistra a destra: l'ambasciatore straniero (1), (tela francese del XVI sec..). Nel mezzo i due maggiorenti veneti incarnati da due personaggi, un dignitario religioso (2) ed un militare (3), entrambi tratti dalle celebri tele del Moroni raffigurante Ludovico Madruzzo e alla destra dal gentiluomo in armi di Enea Salmeggia.

Plate A, 1565 The Venetian notables of Bergamo invite a foreign ambassador to visit the sites during the construction of the walls,

◄ Veduta prospettica della città di Bergamo e dei suoi borghi, prima della costruzione delle fortificazioni venete del 1561-90 : sovrimpresso in nero il tracciato delle fortificazioni venete (disegno di Alvise Cima, 1693).

Ancient paint of Bergamo before the building of the Venetian walls (marked in black line). Canvas of Alvise Cima.

2
1
3
KL 12

1561 NASCONO LE MURA

Per tutta risposta, circa un anno dopo aver ricevuto tale rapporto, Venezia decise invece di dare il via ai lavori di costruzione delle mura. Il 31 luglio 1561 giunse pertanto in città il conte Sforza Pallavicino, allora governatore generale della Repubblica di San Marco, col preciso incarico di dare vita ai lavori preparatori. Questi ottenne tale incarico anche per via del fatto che riuscì a convincere i senatori della Repubblica circa la relativa economicità del progetto, inizialmente previsto su sei miglia a comprendere tutta la città. Nel contempo lo Sforza Pallavicino garantì che il tutto poteva essere portato a termine in poco tempo, con l'ausilio di 3.000 muratori e distruggendo pochissime case (sic). L'incarico di studiare e ideare le mura fu affidato al celebre architetto fiorentino Buonaiuto Lorini che scelse di disegnarle nella moderna forma di fortificazione a bastionate. Questo tipo di opera, rappresentava per lo sviluppo che l'azione delle artiglierie aveva oramai già raggiunto verso la fine del 400, una moderna forma di architettura difensiva rispetto alle fortificazioni medioevali costituite da cinta murata alternante a porte e torri. La nuova forma delle mura prevedeva bastioni o baluardi sporgenti alternati da mura arretrate o cortine. I fianchi dei bastioni erano difesi dalle artiglierie collocate in modo da prestarsi ai tiri radenti e incrociati. In prossimità delle porte di accesso alle mura erano previsti bastioni ravvicinati in una forma detta a tenaglia, caratteristica che rendeva questi punti meglio difendibili da attacchi od offese esterne. Alla base di queste erano poi poste le cosiddette gallerie di sortita opportunamente celate nel terrapieno. A quest'opera gigantesca parteciparono grandi quantità di operai, di architetti veneti, *foresti* e anche bergamaschi (tra questi ricordiamo l'ingegnere Malacrida detto Zenese ed il capomastro Paolo Berlendis). Accanto a questi, anche una nutrita schiera di soldati, messa a disposizione per garantire l'ordine pubblico, per il fondato timore di forti risentimenti popolari a fronte dell'annunciata distruzione di un considerevole numero di edifici che sorgevano lungo il perimetro destinato alle erigende mura.

I numeri delle maestranze utilizzate in questo compito parlano di 3.760 guastatori (manovali), 263 *spezzamonti* (scalpellini), 147 *murari* (muratori) e 46 *marangoni* (falegnami). A dirigere questo esercito di operai vi erano 35 *soprastanti* e 8 *proti* (architetti e capi operai). A vigilare sul buon proseguo dei lavori infine vi era la severa presenza di circa 600 soldati.

◀ **TAV B, 1561 Il generale Sforza Pallavicino**, sugli spalti della Fara. Supervisore incaricato dalla Repubblica di San Marco per lo studio e la realizzazione delle mura di Bergamo. L'immagine è stata ricavata da un ritratto di condottiero del Tintoretto e da una tela coeva (1560-1570) di scuola francese per la cavalcatura. 2 : **Capitano delle truppe**. Elaborazione grafica della famosa tela di Scipione Pulzone che ritrae il condottiero Marcantonio Colonna. L'opera è datata 1575 e ben illustra la moda del tempo in merito al costume militare dei comandanti e governatori generali.

1561 The Venetian general Sforza Pallavicino and a Venetian trooper's captain in 1570 about.

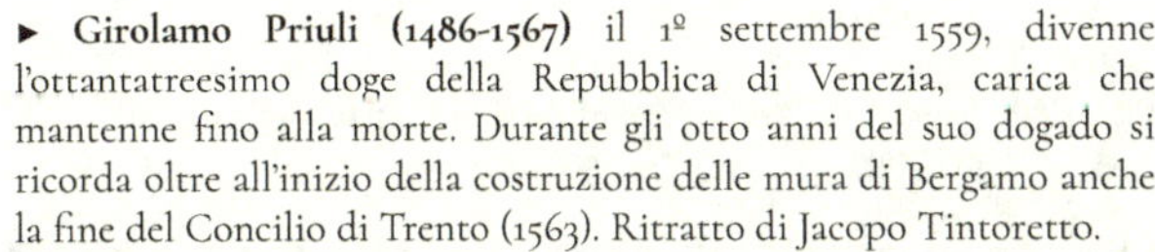

▶ **Girolamo Priuli (1486-1567)** il 1º settembre 1559, divenne l'ottantatreesimo doge della Repubblica di Venezia, carica che mantenne fino alla morte. Durante gli otto anni del suo dogado si ricorda oltre all'inizio della costruzione delle mura di Bergamo anche la fine del Concilio di Trento (1563). Ritratto di Jacopo Tintoretto.

Girolamo Priuli (1486-1567) on 1 September 1559, he became the eighty-Doge of the Republic of Venice. During the eight years of his doge remember well the beginning of the construction of the walls of Bergamo also the end of the Council of Trent (1563). Portrait of Jacopo Tintoretto.

SFORZA PALLAVICINO 1519-1585

Sforza Pallavicino, Di Fiorenzuola d'Arda. Marchese di Cortemaggiore e di Busseto. Signore di Fiorenzuola d'Arda, Salsomaggiore, Santarcangelo di Romagna, Fidenza. Figlio di Manfredi, genero di Bosio Sforza. Fu un valoroso capitano, uno dei migliori del suo tempo. Robusto e coraggioso, fu ferito ben sei volte in battaglia o durante assedi. Quando ha solo due anni, viene assassinato suo padre. A 17 anni è già impegnato a combattere contro i francesi a Fossano in Piemonte.

Nel 1542 ingaggia un reggimento di cavalieri e accorre in soccorso di Vienna assediata dai turchi. Per i suoi meriti, nel 1543 viene investito del feudo di Fiorenzuola d'Arda da Papa Paolo III. Negli anni a venire si mette al servizio dei Farnese, coi quali prende parte alla Guerra Smalcaldica. Nel 1547 è al servizio del pontefice Paolo III con il grado di generale dell'esercito papalino. Alla morte del pontefice, nel 1549 torna in Austria a combattere contro i turchi. Durante l'assedio di Lippa in Ungheria è coinvolto nell'assassinio del cardinale Giorgio Martinovich, sospettato di aver preso combutta col sultano ottomano. Viene in un primo tempo scomunicato da Papa Giulio III e poi assolto quando viene resa nota e chiarita la vicenda.

Intanto seguita a combattere contro il turco ma viene da questi sconfitto e fatto prigioniero. Condotto a Buda fu liberato grazie al pagamento di un forte riscatto da parte di Ferdinando d'Austria. Rimane in Austria con vari incarichi importanti (maresciallo delle fortezze e gran maresciallo del Regno) fino al 1556 quando rientra in Italia a seguito del trattato di Gand. Nel 1557 finalmente è al servizio di Venezia che gli concede la nobiltà veneta. Diventa governatore generale come Guidobaldo della Rovere. Il suo primo incarico lo vede impegnato a Corfù. Nel 1561 arriva per la prima volta a Bergamo, dove ha il compito di controllare le fortificazioni della città lombarda insieme ad Astorre Baglioni e Girolamo da Martinengo. E' la data d'inizio della costruzione delle mura venete. Il generale fa abbattere chiese, conventi, persino l'antica basilica di Sant'Alessandro che conserva il corpo del patrono della città. Vengono rase al suolo più di 500 case e tagliato a metà il borgo Canale. Si procura la seconda scomunica della sua carriera, perché con i suoi ingegneri vuole demolire anche la chiesa ed il convento di Sant'Agostino. Per fortuna si trovò un compromesso e l'imponente convento si salva, giungendo sano e salvo fino ai nostri giorni. In un certo senso i frati riscattarono Sant'Agostino offrendo una buona somma di denaro che permise di allargare la cinta muraria di un perimetro sufficiente a contenere il convento. Il vescovo pose allora la prima pietra nel bastione di testa (di San Marco o del Fortino), tra il castello e la città:

la nuova fortificazione si estende per oltre 5 chilometri con relativi bastioni, piazze e porte. Nel 1562 è di nuovo a Bergamo per accelerare i lavori di fortificazione allo scopo di frustrare minacce portate avanti dagli imperiali. Negli anni successivi è impegnato nelle varie campagne militari intraprese da Venezia (Cipro, Dalmazia, Friuli). Ritiene Cipro indifendibile, ciononostante parte con una spedizione imbarcata su navi papaline, ma una tempesta ferma la flotta, costretta al rientro con perdite. Torna allora a Venezia dove viene colpito da un forte attacco di gotta. Gli insuccessi di questi ultimi anni ne ridimensionano il potere. Non prende parte alla battaglia di Lepanto per motivi di salute. Nel 1573, gli viene di nuovo conferita la dignità di governatore generale. I suoi ultimi interventi a favore della Repubblica di San Marco lo vedono di nuovo a Corfù nel 1574. Nel 1579 ritorna nelle sue terre emiliane. Muore a Salò nel febbraio del 1585, tre anni prima che le "sue" mura di Bergamo venissero completate.

◄ **Il generale Sforza Pallavicino**, margravio di Cortemaggiore, al tempo provveditore generale dell'esercito veneto e direttore dei lavori per la costruzione delle mura di Bergamo.
The Venetian general Sforza Pallavicino margrave of Cortemaggiore and commander in chief of Venetian army in the late XVI century.

► **Fronte della Basilica Alessandrina** andata distrutta per far posto alle erigende mura cinquecentesche.
A Reconstruction of the facade of Saint'Alexandre cathedral.

DISTRUZIONE E MALCONTENTO POPOLARE

All'inizio, come indicato nella relazione conclusiva consegnata il 13 luglio 1561 dallo Sforza Pallavicino ai maggiorenti di Venezia, il progetto prevedeva l'abbattimento di pochissimi edifici di scarso valore, e non si faceva alcun cenno alla distruzione della basilica di Sant'Alessandro né della chiesa e convento di San Domenico. In ogni caso sin da subito montò il malcontento polare e locale. Nel Bergamasco, e nelle valli in particolare si faceva resistenza a fornire la manodopera necessaria. Le principali autorità cittadine nominarono due ambasciatori nelle persone di Polidoro Augusto e Licinio Bosello affinché si recassero presso il doge con la supplica di rivedere, almeno in parte il progetto dell'opera al fine di ottenere soluzioni più favorevoli alla città. Venne anche indetta una solenne processione prevista della durata di giorni tre a partire dal primo di agosto, allo scopo di illuminare le coscienze delle autorità responsabili. Venezia rispose mostrando un atteggiamento in parte diplomatico, ma sostanzialmente fermo e deciso. A risposta delle proteste furono inviati dispacci in cui si ricordava l'obbligo a collaborare ad un'impresa che avrebbe fatto il bene di tutti. Oltre a ciò ricordiamo di nuovo l'invio sul posto di un numero di soldati assai superiori alla media che non poteva avere altro scopo, del controllo della popolazione, visti i buoni rapporti di vicinato con gli spagnoli in quel tempo. Iniziarono pertanto i primi lavori di sbancamento e distruzione. Solo nei primi mesi furono rasi al suolo ben 213 edifici (alla fine saranno quasi 600). Le distruzioni riguardarono case normali, cascine, aziende, stalle, botteghe ma anche chiese e conventi famosi, che stavano lì da secoli. La più importante di queste fu certamente la cattedrale di Sant'Alessandro, la quale custodiva le reliquie del Santo patrono della città. Già il 13 agosto furono solennemente traslati i corpi dei Santi Alessandro e Narno dalla loro sede alla chiesa di San Vincenzo. Contemporaneamente veniva rasa al suolo l'antica cattedrale. Fu distrutto anche il convento domenicano di Santo Stefano, contenente le spoglie di Pinamonte da Brembate.

La piccola chiesa di San Lorenzo fu abbattuta per far posto alla Porta, che fu tra le prime opere della nuova fortificazione portata a termine. Per ogni edificio religioso abbattuto, i responsabili veneti ricevettero altrettante scomuniche, lanciate dal clero locale privato dei propri santuari. Sforza Pallavicino, fra i più colpiti dagli anatemi religiosi, ebbe il suo bel daffare negli anni successivi per farsele revocare a suon di versamenti di generosi oboli.

LA DISTRUZIONE DELLE CHIESE

Delle quattro chiese distrutte per ordine del governo veneto nel 1561, perché esse sorgevano sul tracciato in cui dovevano essere erette le nuove mura di protezione della città, la più famosa era certamente l'antica Basilica Alessandrina. Questa si trovava poco fuori la attuale porta di Sant'Alessandro, all'inizio di via Borgo Canale.

Questa antica chiesa risaliva addirittura alla seconda metà del IV secolo. La Basilica Alessandrina, prima sede episcopale di Bergamo fu voluta da San Narno, primo vescovo di Bergamo, allo scopo di conservare le reliquie di Sant'Alessandro martire, *miles* della Legio Tebana di stanza a Milano, martirizzato sotto la persecuzione. Dopo la distruzione della basilica i corpi e le reliquie dei due santi furono traslati con solenne processione nella "cattedrale" rivale di San Vincenzo (curiosamente anche questa seconda verrà distrutta nel tardo 600 per far posto alla attuale cattedrale che in questo modo recupererà anche la dedica a Sant'Alessandro, patrono della città). Degna di nota anche la chiesa e il convento si san Domenico che conteneva al suo interno un'antica e importante biblioteca. Questo complesso monastico venne raso al suolo per garantire la buona difesa della zona attigua a Porta san Giacomo. Sulla collina lasciata libera venne poi edificato il Forte di San Domenico.

Fra gli edifici religiosi, vale la pena di ricordare, si salvò per il rotto della cuffia il grande e antico convento di Sant'Agostino costruito nel 1290 dai Frati Eremitani e ampliato nei secoli successivi dai frati Agostiniani.

L'area occupata dal convento era infatti fra quelle che andavano distrutte, sennonché i frati reagirono immediatamente. Sulle prime con le cattive, minacciando scomuniche che però, e lo si vide presto, non spaventavano a dovere i minacciati destinatari.

Conseguentemente gli astuti agostiniani si diedero a raccogliere una tale somma di denaro, che assai meglio della scomunica ottenne l'agognato risultato. E se oggi possiamo ancora ammirare la bella chiesa e gli annessi chiostri medievali è proprio grazie all'ostinata e tenace opera di questi coraggiosi frati.

Per la verità Sant'Agostino fu risparmiata anche per evidenti ragioni di opportunità architettonico-militare. Le mura in precedenza previste dovevano infatti chiudersi attorno alla chiesa di San Michele al pozzo bianco ma tale disegno, per essere reso efficace, necessitava che si "spianasse" la collina di Sant'Agostino.

Questa era però interamente costituita di roccia dura e resistente, la sua eliminazione avrebbe comportato spese e tempi ingenti, risultò pertanto assai più opportuno allargare il recinto delle mura formando i tre nuovi bastioni esterni di S. Michele, di S. Agostino e l'attiguo bastione detto del Pallone. Questi ultimi costituirono quindi quella tipica configurazione difensiva detta a tenaglia. Pur tuttavia ai governanti veneti non parve vero di pigliare due piccioni con una fava e incamerarono volentieri anche i denari raccolti dagli agostiniani per riscattare il convento.

Infine non è ancora ben chiaro che forma di rimborso e se fosse previsto, era posto vantaggio di coloro cui veniva prima requisita e successivamente distrutta la casa. Si sa che moltissimi rimasero completamente rovinati. Altri, probabilmente i più abbietti, poterono ricostruire, innalzando su case preesistenti all'interno del circolo delle mura, mentre altri preferirono traslocare in nuove abitazioni nei borghi fuori dalle mura. Per tutti da allora valse il divieto di costruire nuovi edifici a meno di 25 pertiche (52 metri) dalle fortificazioni. Queste distruzioni furono un enorme sacrificio per Bergamo e i suoi abitanti. Pezzi di storia secolare andarono perduti in poco tempo. Va però detto che questo enorme cantiere comportò anche un notevole sviluppo all'economia della città, grazie ad un'elevata richiesta di manodopera e all'indotto che tale impresa comportò.

◄ **Soldati e operai** impegnati nella distruzione e rimozione delle macerie degli edifici destinati a fare spazio alla costruzione della nuova fortezza veneta di Bergamo. Queste distruzioni provocarono non pochi risentimenti popolari. (Disegno dell'autore).

Soldiers and workers engaged in the destruction and removal of the debris of the buildings to make way for the construction of the new Venetian fortress of Bergamo.

► Nel riquadro a destra **la pianta originale della Basilica Alessandrina.**

▼ **Tav. C - 1562 La costruzione delle mura di Bergamo** con operai al lavoro seguiti da un capomastro (elaborazione grafica ricavata dal martirio di San Sebastiano di Paolo Veronese). *The building of the Venetian walls of Bergamo in the second half of XVI century.*

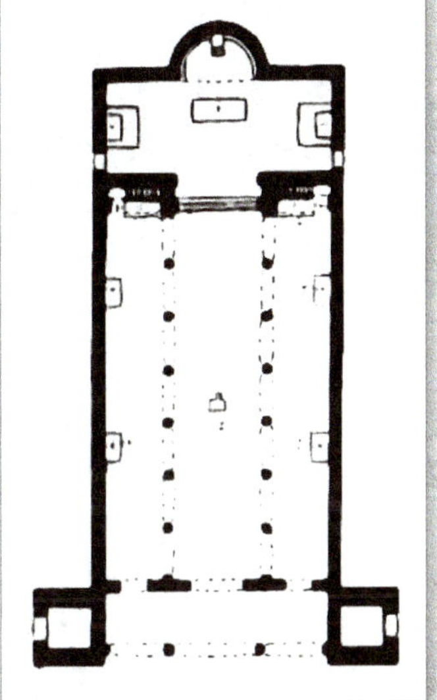

1
2

PROSEGUO DEI LAVORI

ei primi mesi di lavoro si temette più volte qualche forma di attacco proveniente dal vicino milanese, ed in effetti quelli erano mesi di particolare esposizione e vulnerabilità per la città, con i lavori a mezzo, senza neanche più l'ausilio delle antiche muraglie preesistenti. Per la verità si trattò sempre di allarmi completamente infondati.

Lo stesso Sforza Pallavicino ebbe particolare cura dei rapporti con il potente vicino. All'ambasciatore spagnolo, Conte di Gaiazzo, in segno di cortesia e amicizia fra i due stati furono persino donati 500 scudi d'oro.

Pochi giorni dopo ad un emissario del Governatore di Milano Don Alonso Piamontello venne addirittura concesso l'onore di visitare i cantieri, accompagnato in questo tour dallo stesso Sforza.

Per la realizzazione di tutto il perimetro difensivo furono sfruttati in piccola parte alcuni tratti di fortificazione già presenti, ma nella maggior parte dei casi la nuova muratura venne quasi totalmente eseguita in pietra bastionata continua. Sforza Pallavicino e i suoi architetti stimarono una tempistica di un anno o due per la realizzazione dell'opera, anche perché all'epoca la carica di provveditore generale per i ruoli che prevedevano costruzioni di fortezze era di due anni, pertanto il desiderio di maggiori tornaconti premeva sulla rapidità di esecuzione evitando di lasciare onori e danari a responsabili futuri. I lavori quindi presero il via con una certa alacrità. Nel 1565 risultava realizzato grosso modo la metà dell'opera. Era stato completato il tratto che andava da San Lorenzo fino a tutto il Forte di San Marco, e un buon tratto del perimetro a sud fino a Sant'Agostino. Con l'andar del tempo però, l'entusiasmo iniziale andò scemando e i tempi inesorabilmente si allungarono. I vari direttori dei lavori che si succedettero ebbero le loro belle difficoltà a richiedere al Senato della Repubblica gli scudi necessari alla conclusione delle opere. Con ogni evidenza i maggiorenti della Serenissima non se ne preoccuparono più di tanto. Essi erano ben consci di aver già ottenuto buona parte dei loro scopi, avevano, di fatto, impostato la creazione dell'imponente fortezza, e da solo, questo dato parve bastare a intimidire vicini e avversari, resi consci delle serie intenzioni di Venezia. Trascorreranno alla fine ben ventinove anni per portare a termine questa impresa. Il perimetro di oltre cinque chilometri verrà infatti chiuso solo nel 1590 ed alcuni dei suoi protagonisti, come lo Sforza Pallavicino ad esempio, non vissero a sufficienza per vedere le mura completate. Anche la spesa, prevista all'inizio in 40.000 ducati, lievitò alla fine di ben 25 volte ! Tornaconti, mazzette, ritardi, voci di costo che si gonfiano ... tutte vicende che ricordano molti analoghi scandali a noi contemporanei. Tornando ai lavori, nei primi anni fu portata a termine buona

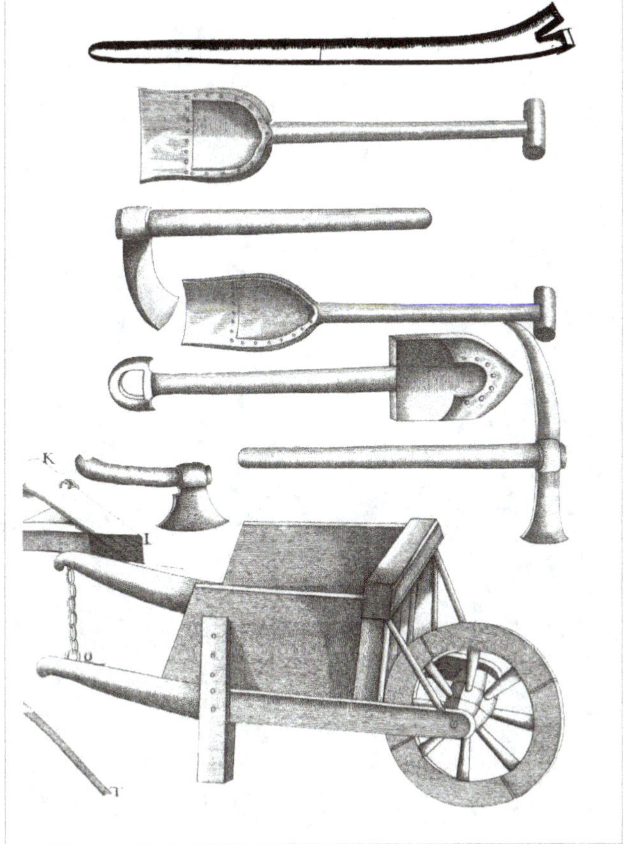

▶ **Attrezzi e arnesi da lavoro** utilizzati nel cantiere di costruzione delle mura. Dal libro: *L'architecture militaire moderne ou fort.*

Equipment and tools work used in the construction site of the walls.

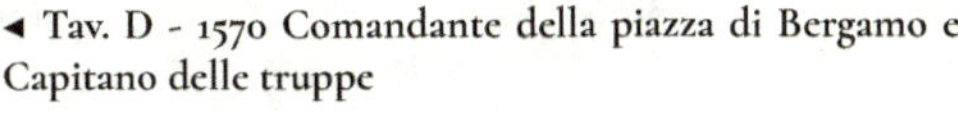

◀ **Tav. D - 1570 Comandante della piazza di Bergamo e Capitano delle truppe**

Tab. D - 1570 Commander of the Venetian garrison of Bergamo with banner on the parapet of San Lorenzo Gate. 2: Captain of troops in armor.

L'ARCHITECTVRE
MILITAIRE MODERNE,
Ou
FORTIFICATION:
Confirmée par diverses histoires tant anciennes
que nouvelles, & enrichie des Figures des prin-
cipales Forteresses qui sont en l'Europe, par
MATTHIAS DÖGEN,
Natif de Drambourg en la Marche. Mise en François par
HELIE POIRIER, Parisien.
à Amsterdam
Chez Louys Elzevier. 1648.

BUONAIUTO LORINI L'ARCHITETTO DELLE MURA (1540-1611)

Ingegnere militare, Buonaiuto Lorini nacque a Firenze, probabilmente attorno al 1540, ma non si hanno dati certi in proposito. Scrisse un'opera in cinque libri, *Delle fortificazioni* (1596-1597), considerato uno dei più importanti trattati sulle fortificazioni del 1500, nella quale sono esposti i primi metodi di *defilamento* (francesismo radicato a definire qualsiasi operazione o lavoro di copertura alla vista e al tiro del nemico). Il trattato ebbe una notevole diffusione, tanto che nel 1607 fu tradotto in lingua tedesca e stampato a Francoforte da Theodor de Brys, mentre nel 1609, in Italia se ne fece una seconda edizione ampliata. Lorini inizia la carriera nella natia Toscana come "inzegnero" al servizio di Cosimo I de Medici, frequentando contemporaneamente la bottega di Bernardo Buontalenti, uno tra i maggiori architetti militari allora sulla piazza. Nel 1568 e fino al 1572 è al servizio dell'esercito spagnolo di Filippo II nelle Fiandre.

In quegli anni ha modo di osservare e studiare da vicino le poderose fortificazioni dei Paesi bassi, soprattutto la cittadella fortificata di Anversa. Al ritorno in Italia fa la spola fra la Toscana e la Repubblica di San Marco. Notizie certe lo danno a Venezia nel 1579. La città lagunare in quegli anni è intenta a rafforzare i suoi confini tramite una massiccia opera di adeguamento e trasformazione delle piazzeforti, per lo più sotto la direzione di ingegneri esterni. Lorini ha quindi modo di conoscere il soprintendente alle fortezze Giulio Savorgnan e Sforza Pallavicino, capitano generale delle milizie in Terraferma sin dal 1559.

Grazie alla loro intercessione, la "supplica" di assunzione avanzata dall'architetto, è prontamente accolta. I primi lavori lo vedono operativo soprattutto in Dalmazia negli anni fra il 1582 e 1589, In Istria, a Corfù, Raab e Zara. Nel 1590 è a Bergamo dove è impegnato in forma continuativa per la realizzazione delle poderose mura, sotto la supervisione di Sforza Pallavicino. A tal proposito è assai probabile che il Lorini abbia curato non solo l'esecuzione ma in precedenza abbia realizzato i progetti originali. L'anno dopo vediamo il Lorini impegnato nel consolidamento del castello di Brescia, in tale occasione l'architetto ha la possibilità di realizzare interamente uno sviluppo difensivo secondo i più moderni canoni di allora. Le fortificazioni di Brescia sono rimaste l'unico intervento del tutto rispondente alle teorie enunciate nel suo famoso trattato sulle fortificazioni. Nel 1592, in collaborazione con Giulio Savorgnan e Antonio Martinengo, Lorini è al lavoro nella progettazione della città militare di Palmanova.

Questa famosissima fortezza rappresenterà lo zenit della parabola cinquecentesca delle città militari di nuova concezione. Fra dissidi e incomprensioni il Lorini seguirà lo sviluppo della città stellata fino alla fine del secolo, dividendosi con diversi incarichi arrivatogli dalla natia Toscana. Fra i suoi ultimi lavori ricordiamo il rafforzamento delle cinte murarie di Crema Orzinuovi.

Lorini in definitiva fu il classico esempio di quegli "inzenieri" militari ai quali, nella seconda metà del Cinquecento, fu affidata la delicata missione di tradurre, "materialmente", le indicazioni e le finalità tutte strategiche, dei sovrintendenti e provveditori. Muore, probabilmente a Venezia, attorno al 1611.

◄ **Frontespizio del libro**: *L'architecture militaire moderne ou Fortification*, di M. Dogen 1648.

► **Ritratto dell'architetto militare Bonaiuto Lorini.** Incisione d'epoca.
Portrait of the architect Bonaiuto Lorini. Old engraving.

parte della fortificazione posta a sud in fronte alla pianura, la zona di Sant'Agostino e il cosiddetto Forte di San Marco, situato a ovest verso il colle di San Vigilio.

Nel 1566 venne nominato nuovo governatore generale Astorre Baglioni che a sua volta chiamò a dirigere i lavori un ingegnere di sua fiducia, il bolognese Filippo Zorzi. Questa novità, unitamente alle idee dello Zorzi in merito a varianti da eseguire attorno al baluardo di Sant'Agostino provocarono il risentimento dei rettori di Bergamo e indirettamente dello stesso Sforza Pallavicino cui formalmente ancora spettavano i lavori attorno alla fortezza e che lo stesso periodicamente visitava. Fu nuovamente presa in considerazione l'esclusione e possibile distruzione di Sant'Agostino, ma di nuovo lo Sforza si oppose vivacemente, chiedendo a gran voce che non si ritornasse sull'argomento. Nello stesso anno si registra l'abbandono dei cantieri da parte dell'ingegner Zenese perché richiamato a dirigere i lavori a Zara. Zenese fu sostituito da un altro bergamasco, Paolo Berlendis.

Altra novità fece capolino nel 1568. Quell'anno Bergamo "corse" il rischio di vedersi persino raddoppiata la cinta muraria. Il nuovo governatore generale di quell'anno, colonnello Nadal da Crema presentò infatti un progetto che prevedeva la prosecuzione delle bastionature a cingere anche i borghi sottostanti; da Porta San Giacomo a Porta Sant'Agostino, sul tracciato delle esistenti muraine medievali.

I cittadini andarono subito in allarme prevedendo e temendo nuove e più massicce distruzioni. Tuttavia tale progetto non ebbe l'avvallo di Venezia e tutto, per fortuna del volgo, si chiuse lì. Rimaneva invece molto da fare nella parte da fortificare esposta a nord, verso le valli, che era anche la più difficile da difendere. L'opera di completamento era resa difficile dalla presenza di due incassature di terreno dette valloni: quello di S. Agostino e quello di S. Lorenzo, quest'ultimo anche denominato degli Avogadri. Ma poiché il completamento della fortificazione della città andava necessariamente concluso, attorno al 1580, Venezia finalmente si decise ad aprire i cordoni della borsa, fornendo quanto necessario al completamento della faraonica opera militare. Furono quindi riempiti parzialmente i due valloni e ciò permise di erigere gli ultimi bastioni della Fara, di S. Lorenzo, di Valverde e di Castagneta. Bastioni realizzati sempre utilizzando pietra derivata da cave locali ma eseguiti con assai minor cura delle opere dei decenni precedenti.

Nel febbraio del 1585 sopraggiunse la morte del conte Sforza Pallavicino, "il padre delle mura", il senato veneto, anche per onorarne la memoria, decise di dare lo sprono finale a questa infinita opera. Furono nominati al tempo due nuovi provveditori generali nelle persone di Alvise Zorzi e di Giovanni Contarini. Questi ricevettero il delicato compito di eseguire accurato sopralluogo sullo stato della fortezza e di operare al fine di concludere i lavori. Fu chiamato a dirigere i cantieri, il famoso e illustre architetto Giulio Savorgnano, che già in passato aveva dispensato alcuni suggerimenti. Questi in due anni portò a termine il bastione della Fara, e perfezionò tutto

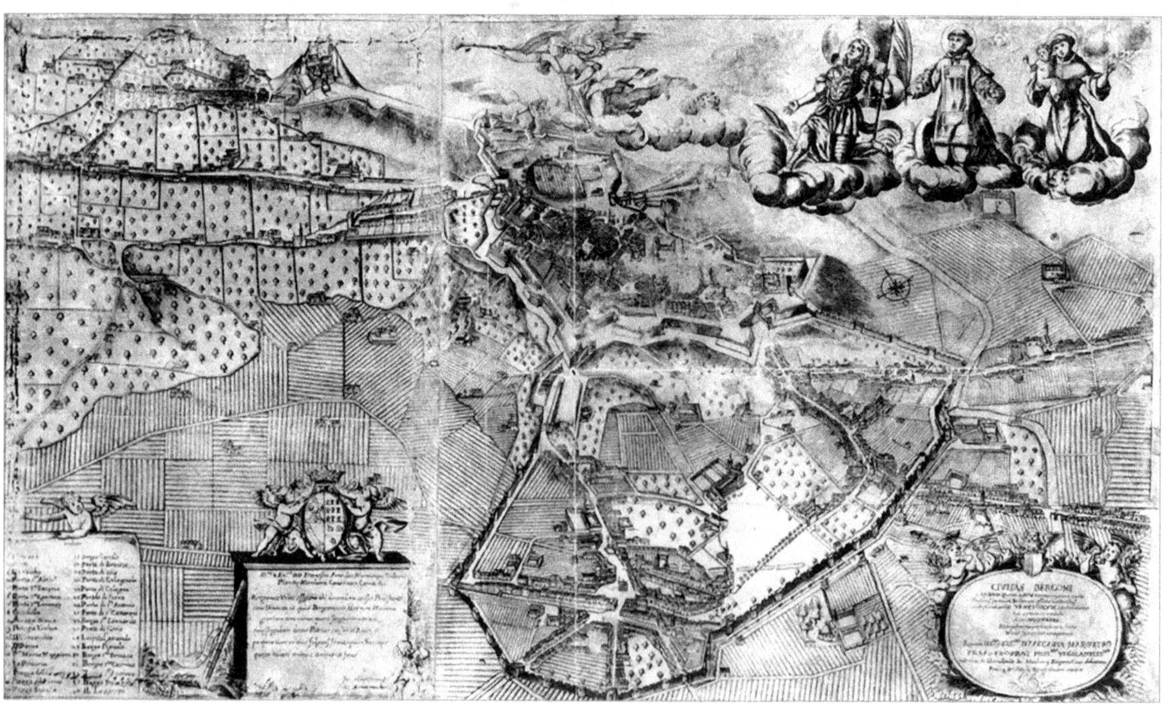

quanto il tracciato. Fu proprio sul bastione della Fara che venne infine posta la lapide che ricorda la conclusione ufficiale dei lavori nel 1588, essa ancor oggi visibile, è composta da due stemmi nobiliari con la scritta: *"Andrea Gussoni Podestà - Polo Loredano Capitano- Il qual capitano ha cinto Bergomo – MDLXXXVIII"*.

Il 17 luglio 1590 Alvise Grimani, nuovo comandante della piazzaforte cosi scriveva al doge: *"La città è tutta serrata con baluardi e i suoi membri quasi tutti terrapienati, compite le piazze, i parapetti e le traverse per coprirsi dalle vicine colline e la fortezza col circuito di tre miglia è bellissima "*

La fortificazione della città si poté però dire definitivamente compiuta solo verso la fine del secolo XVI, proprio mentre la Serenissima apriva a oriente l'altro importante cantiere per la costruzione di Palmanova. Alla sua conclusione, le mura di Bergamo potevano tuttavia essere considerate come l'opera difensiva più imponente che Venezia avesse mai costruito nel suo territorio di terraferma.

Dopo ben 10.572 giorni l'impresa fu finalmente completata!

LO STATO VENETO E LA DIPLOMAZIA MODERNA

Venezia dopo la pesante sconfitta subita ad Agnadello nel 1509 da parte dell'esercito francese, optò per un approccio radicalmente diverso nei confronti degli interventi militari. Ciò non valse per le relazioni con l'eterno nemico, il Turco, con il quale la Serenissima restò in aperto conflitto fino al XVIII sec. Con tutto il resto del mondo occidentale preferì adottare una politica distensiva e difensiva. Assegnava quest'ultima alle poderose fortezze di cui si era circondata, e delegò il resto a una raffinata rete diplomatica. Venezia fu infatti il primo stato al mondo a creare la diplomazia tra stati così come la intendiamo oggi, cioè con un luogo di rappresentanza fisso, dislocato in un palazzo che ne garantisse l'extraterritorialità. La moderna ambasciata, tanto per capirci. Questo avvenne nella seconda parte del XV secolo quando per esigenze di rappresentanza di stato, il *Bailo* di Costantinopoli, ovvero il podestà del quartiere veneziano di Istanbul presso la Sublime Porta fu investito di sempre maggiori cariche rappresentative del Maggior Consiglio di Venezia. Dopo l'Impero Ottomano fu la volta di tutti gli altri stati con cui Venezia aveva in qualche modo a che fare. Sul modello veneziano anche il Papa prese ispirazione e si mosse sulla strada intrapresa trasformando i legati o collegati pontifici in nunzi apostolici, vale a dire le ambasciate vaticane. I primi nunzi furono insediati proprio a Venezia e solo successivamente a Madrid. Fu quindi la volta della Spagna e in seguito questo nuovo modello di rapporti diplomatici basati su un luogo di rappresentanza in loco si espanse in tutta l'Europa. Venezia si avvantaggiò del fatto di essere partita prima rispetto a tutti e grazie all'esperienza accumulata dalla sua macchina di rappresentanza istituzionale poté ottenere cospicui vantaggi per la sua rete commerciale.

◄ **Pianta prospettica di Bergamo.** Opera di Giovanni Macheri 1660. Si notano anche le vecchie "muraine" che difendevano i borghi a valle".
Oldest view of Bergamo in a print of XVII century.

► **Ritratto di un *Bailo*** (ambasciatore) veneziano accreditato a Istanbul. Stampa dell'epoca.
Portrait of a Venetian ambassador. Old engraving.

1
2
3

I PUNTI DEBOLI

ompletata così la gigantesca opera accerchiante, continuarono le dispute e le analisi conseguenti la sua realizzazione. Fra i principali problemi che la stessa presentava, vi era l'individuazione dei maggiori punti deboli all'interno del complesso difensivo. Essi furono subito segnalati nella zona a nord ovest, vale a dire dal connubio del Forte di San Marco e del separato Forte-Castello di S. Vigilio, anche detto la Cappella (per via di un'antica cappella che sorgeva sul luogo). I problemi più seri derivavano proprio da quest'ultimo, ritenuto poco solido e minuto.

Una volta che il nemico ne avesse preso possesso, avrebbe potuto prendere d'infilata l'esposto settore del Forte di San Marco bombardandolo con le proprie artiglierie da posizione dominante.

La Repubblica si decise allora per una sua messa a punto ampliando e consolidando le opere fortificate della Cappella-Forte di San Vigilio, creando nuovi bastioni verso ovest attorno ai torrioni angolari, dotando il tutto con buche cannoniere ,scale e locali interni, tuttora accessibili, ottenendo un robusto forte di forma poligonale. Lo Sforza Pallavicino aveva trascurato l'importanza di questo delicato settore negli studi relativi alla difesa della fortezza. Il primo ad occuparsene fu nel 1578 il Capitano Tommaso Morosini, questi avanzò i primi dubbi sull'inadeguatezza della posizione. Ma fu un altro capitano, Moretto Calavrese, pochi anni dopo, nel 1581 che prese in mano la questione stilando un preciso rapporto che testualmente diceva: *"Tutto quello che è stato fatto nella fortificazione di quella città è niente a ponto se non si fortifica la Cappella, e non con un fortino piccolo, come viene consigliato, ma con un forte sicuro, reale et bene inteso: poiché in quella parte consiste tutta la vera sicurtà di Bergamo".* Nonostante questo grido d'allarme, lo Sforza Pallavicino, cui ancora formalmente dipendevano i lavori, ostinatamente rimase convinto che la sua fortezza fosse già ben difesa dal suo circolo chiuso.

Lo Sforza era però prossimo alla sua morte, avvenuta la quale Venezia prontamente tornò a considerare il problema, richiese pertanto un dettagliato sopralluogo e optò per un rafforzamento di San Vigilio. Morto lo Sforza tuttavia un'altra voce autorevole, quella del Savorgnano, ne continuò ad avvalorare la tesi, che riteneva inutile e dispendiosa ogni rettifica del forte di San Vigilio. Il Savorgnano giunse persino a suggerire la distruzione del fortilizio, per non concedere all'avversario nessun vantaggio nel disporre delle sue artiglierie e contemporaneamente a scavare una profonda trincea che rendesse più sostenibile la bastionatura del Forte di San Marco. Gli si oppose con determinazione l'allora Capitano Michele Foscarini che giunse persino a presentare ben quattro progetti di fortificazione della Cappella di San Vigilio. Alla fine il senato veneto, nell'estate del 1588, si risolse a prendere la decisione per il rafforzamento di quest'ultima, cancellando nel contempo le residue ipotesi di rinforzo del Forte di San Marco.

Iniziarono quindi i lavori a San Vigilio diretti dal Capitano Nicolò Michiel. Furono distrutte alcune case e ostacoli

► Progetto finale e ultimativo (1621-23) delle fortificazioni di San Vigilio (La Cappella) e della strada coperta che collegava lo stesso con la città murata.

Final project (1621-23) of the fortifications of St. Vigil and of the covered road linking the same with the walled city.

◄ **Tav. E: 1575 Tre ufficiali (corazze)** della guarnigione veneta di Bergamo sullo sfondo di Piazza Vecchia. La fontana Contarini qui assente apparirà soltanto nel 1780.

Tab. E - 1575 Three officers (cuirass) of the Venetian garrison of Bergamo in the background of the Old Town Square.

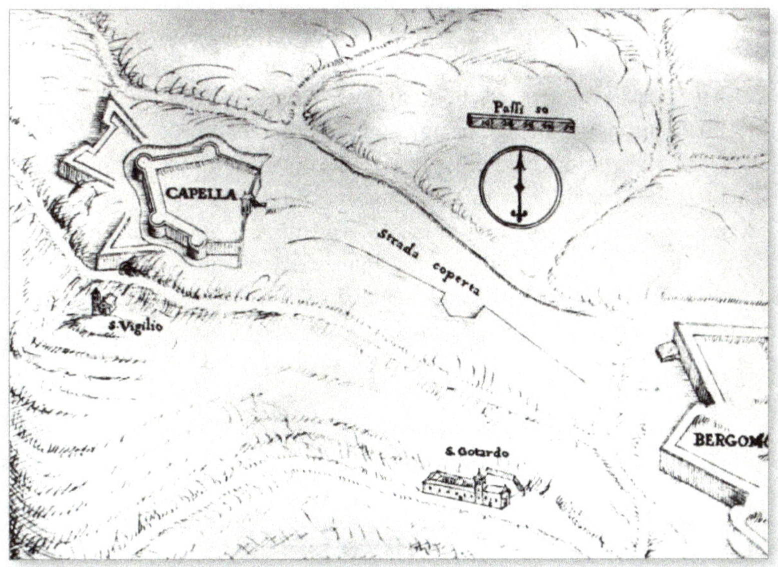

vari che si sovrapponevano al progetto di consolidamento del forte. Esso doveva poter ospitare una nutrita guarnigione ed almeno 10 pezzi di artiglieria. La nuova struttura, circondata da profonda fossa, e supportata da un'adeguata controscarpa, vedeva dilatato il suo vecchio perimetro di 170 metri a quasi 500! Anche così, comunque l'opera era ritenuta sempre esposta e isolata dalla città, si giunse pertanto, nel 1607 alla decisione di fare un collegamento con la stessa attraverso una strada coperta, a sua volta rinforzata da terrapieni e con la costruzione anche di due piazze. Il progetto fece inorridire il massimo esperto di fortificazioni del tempo, Bonaiuto Lorini. Questi manifestò tutta la sua disapprovazione ma non vi fu nulla da fare, il progetto fu portato a termine come pianificato. Negli anni fra il 1620 e il 1623 infine, il Forte di San Vigilio ricevette una definitiva sistemazione con la costruzione di una tenaglia e di un bastione chiamato baluardo Mocenigo. La strada coperta resistette fino all'avvento di Napoleone, che ritenendola inutile la fece smantellare.

▲ **Veduta di Bergamo dal colle di San Vigilio** in una tela romantica del 1849. Questa immagine da una buona idea della posizione favorevole che un nemico, una volta preso possesso del forte separato, avrebbe avuto nel poter piazzare i suoi cannoni contro la fortezza di Bergamo.

View of Bergamo from the hill of St. Vigil in a canvas of 1849. Here you may see the favorable position of an enemy, once taken possession of the separated fort, would be able to place in its guns against the fortress of Bergamo.

▶ **Gli spalti di Sant'Agostino,** tela di Luigi Deleidi detto il Nebbia, 1840 circa. Accademia Carrara, Bergamo. In questo interessante quadro si intravedono soldati austriaci impegnati in esercitazione da caserma sulla spalto di Sant'Agostino. Tutto il convento venne trasformato in caserma da Napoleone Bonaparte e utilizzato a tale scopo anche dai successivi eserciti austriaco e italiano fino all'anno 1966!

The glacis of St. Augustine, in a painting by Luigi Deleidi said the Fog, about 1840. Accademia Carrara, Bergamo.

DECADENZA E ATTUALITÀ

ome detto le mura venete non vennero mai messe alla prova in nessun assedio o conflitto, tanto che nel 1797 i francesi di Napoleone entrarono in città senza nemmeno sparare un colpo di cannone. Questa fu la conseguenza del disfacimento della Repubblica di Venezia, sancito con il Trattato di Campoformio. Già in quel periodo tuttavia l'intero apparato militare della struttura versava da tempo in sostanziale stato di abbandono, situazione definitivamente consolidata dal totale mancato utilizzo da parte delle armate della Repubblica Cisalpina prima, e dell'Impero Austro-Ungarico poi, che occuparono la piazzaforte negli anni a venire. Gran parte degli spazi furono quindi utilizzati e riconvertiti in ambito civile. Per guadagnare terreno furono smantellati i terrapieni, la strada coperta, riempite le trincee e i fossati vennero ora adibiti ad orti e giardini. Demolite o chiuse gran parte delle cannoniere. Lungo il camminamento superiore furono piantati degli alberi che ancor oggi formano un bellissimo anello verde attorno alla città. Soltanto l'8 giugno 1859 le mura balzarono nuovamente agli onori delle cronache, ed ebbero il loro piccolo giorno di gloria. Tutto questo grazie al passaggio di Giuseppe Garibaldi e ai suoi Cacciatori delle Alpi che entrarono nella città attraverso Porta San Lorenzo, a ricordo di tale avvenimento da allora ribattezzata Porta Garibaldi. L'evento, preparato nei minimi dettagli dal maggiore e patriota bergamasco Gabriele Camozzi, sancì l'annessione della città al Piemonte, e da questi successivamente all'Italia. Altro episodio quasi contemporaneo a questo, ma assai meno noto, fu l'internamento nel 1860 di quasi 1.000 soldati borbonici catturati da garibaldini e piemontesi nella campagna contro il Regno delle due Sicilie. Molto probabilmente questi soldati furono sistemati nelle ex caserme della fortezza (Sant'Agostino, la Rocca, Sant'Agata ecc.). Questa vicenda pressoché sconosciuta, è balzata alle cronache solo recentemente per via di un'accesa disputa in merito a presunti maltrattamenti che l'allora esercito sardo avrebbe rivolto ai prigionieri di guerra napoletani.

Secondo le tesi di alcuni ricercatori questi soldati avrebbero ricevuto trattamenti paragonabili a quelli tristemente noti dei campi di concentramento tedeschi. Tesi però confutate da un approfondito e meticoloso studio operato dal prof. Alessandro Barbero che grazie a numerosi e puntuali atti d'archivio, fonti e documenti contemporanee ha stabilito la assoluta inattendibilità di questi avvenimenti delittuosi e disumani a carico dei Savoia. La tradizione militare della vecchia fortezza si perpetuò nella sola "Caserma" di Sant'Agostino. L'ex convento infatti fu destinato a tale uso da tutti gli eserciti succedutisi a Bergamo da Napoleone in poi (ma anche la stessa guarnigione veneta aveva qui un proprio quartiere che conviveva con il convento dei frati). Buon ultimo, l'esercito italiano che abbandonerà le medievali stanze del convento solo nel 1966.

In ogni caso le mura, sin dalla loro costruzione, determinarono una sorta di separazione della parte collinare della città inscritta nel perimetro della fortificazione, da allora chiamata Città Alta rispetto alla parte cresciuta in basso ai piedi dei colli la Città Bassa.

Oggi le mura sono al centro di un'ampia opera di rivalutazione da parte del comune e di varie associazioni, inserite in un contesto turistico in grande sviluppo. Negli ultimi anni le mura venete hanno goduto di svariate campagne di restauro e di pulizia dall'incuria, soprattutto grazie alla locale Azienda Autonoma di Soggiorno. Particolarmente suggestiva per bergamaschi e turisti è la classica passeggiata lungo il perimetro delle mura, che permette sguardi sulla bassa pianura dall'alto impatto emotivo. Dalle severe porte non transitano più cannoni e reggimenti, carrozze e cavalli. Oggi esse servono tutte il traffico cittadino, meno Porta San Giacomo che è solo ad uso pedonale. Da qualche tempo, grazie all'encomiabile attività del locale gruppo speleologico "Le Nottole", è possibile anche visitare i sotterranei delle mura. Alcune delle numerose cannoniere sono state infatti rese agibili e visitabili, permettendo ad ognuno di farsi un'idea più completa di questa imponente architettura militare.

◄ **Planimetria di Bergamo** alla fine della costruzione delle mura venete. 1590 circa. Venezia Biblioteca nazionale Marciana.

Plan of Bergamo at the end of the construction of the Venetian walls. Around 1590. Venice Marciana National Library.

► **Tav. F - 1-2: Cambio della guardia a Porta Sant'Agostino 1600 circa**, due picchieri vengono sollevati da altri due che indossano il tipico elmetto di fine 500. La caserma di Sant'Agostino, unica fra le tante che si trovavano all'interno delle mura, ha continuato a svolgere la sua attività militare fino agli anni 60 del ventesimo secolo.

Tab. F - Changing of the guard at Sant'Agostino Gate 1600 around, two pikemen are relieved by two others wearing the typical helmet at the end of 500. The barracks of St. Augustine, one of the many who were inside the walls, continued to carry out its military activity up to 60 years of the twentieth century.

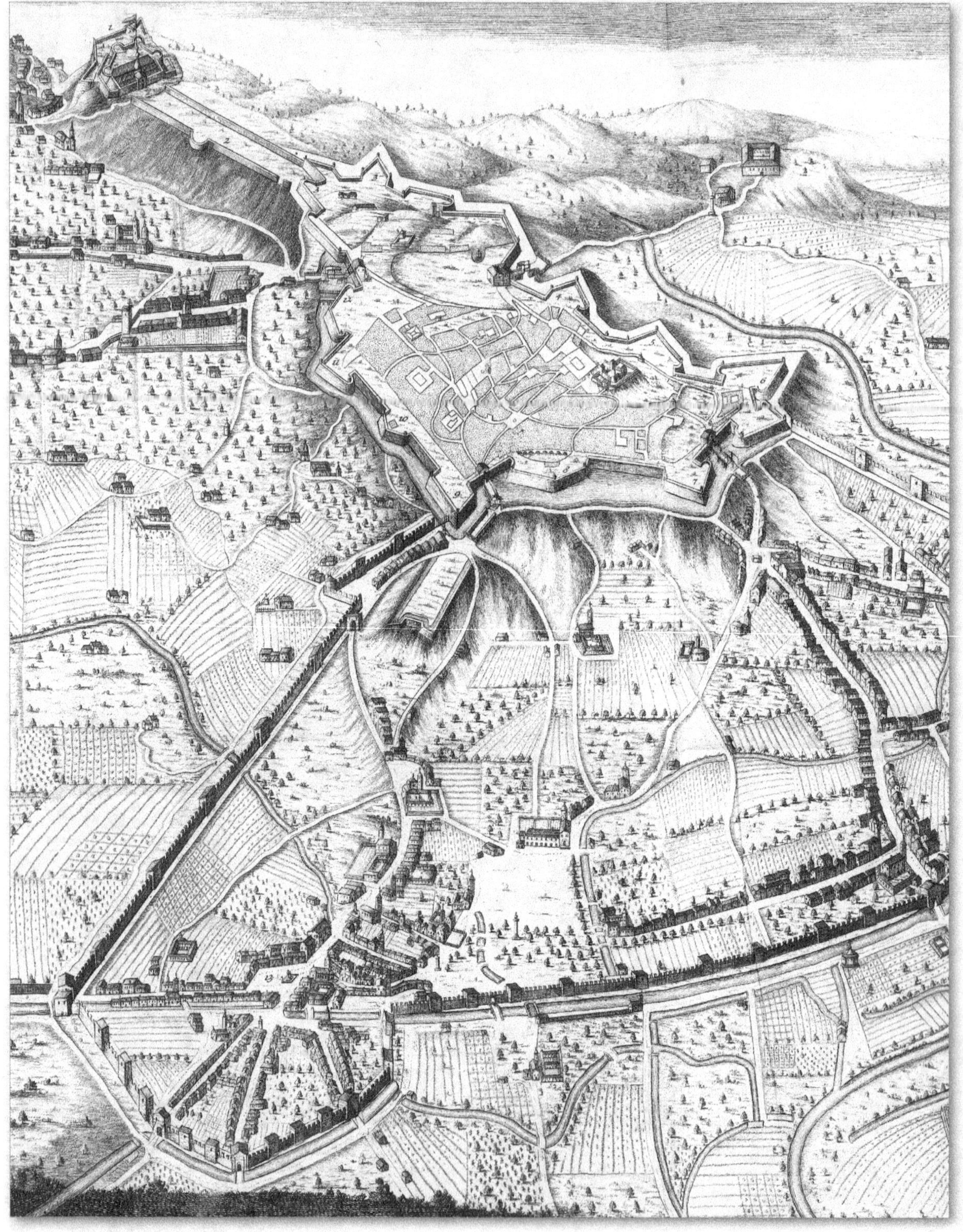

▲ Bella mappa della città di Bergamo con le mura completamente terminate. Incisione di Pieter Mortier. Riikmuseum Amsterdam
Beautiful map of the city of Bergamo with the walls completely finished. Engraved by Pieter Mortier. Riikmuseum Amsterdam

▶ **Tav. G - 1600-1630** Schioppettieri veneti di guardia alla Porta di San Lorenzo. Entrambi indossano un morione di ferro.
Tav. G 1600-1630 Venetian musketeers guarding the Porta di San Lorenzo. Both are wearing an iron morion.

1
2

1
2
3

IL PERIMETRO DELLE MURA

a struttura, che nel corso degli anni ha subito pochi interventi di modifica, per lo più dovuti a crolli o alla necessità, all'inizio del secolo scorso, di aprire un varco all'altezza di via Beltrami. Il perimetro difensivo è pari a una lunghezza complessiva di circa 5.400 metri. Alla base delle mura, all'epoca della sua costruzione venne anche realizzata la cosiddetta Strada Coperta, ovvero un camminamento protetto da muri, utilizzato dalle pattuglie di ronda.

L'altezza complessiva delle mura in alcuni punti arrivava, nel settore posto a sud, anche a cinquanta metri. Ampi tratti del perimetro (sud e nord-est) avevano a rinforzo anche dei fossati posti immediatamente oltre la strada coperta. Alcuni sfruttavano dei corsi d'acqua, altri erano asciutti. Il complesso risultò costituito da cinque porte, di cui quattro le principali: S. Alessandro, S. Giacomo, S. Agostino, S. Lorenzo. La quinta porta, detta "del Soccorso", fu aperta nel forte di San Marco ad uso esclusivo dei soldati e per facilitare i collegamenti con il Forte di San Vigilio. Tutte le porte erano munite di portoni, feritoie, ponti levatoi e pesanti cancellate di ferro. La cinta contava poi 14 baluardi, 2 piattaforme, 32 fra garitte e cavalieri (di cui si è salvato pochissimo), 100 aperture per bocche da fuoco, due polveriere. A tutto questo vanno poi sommati innumerevoli sotterranei, cunicoli, sortite, magazzini, passaggi segreti ecc. Di molti di questi si è oggi persa la memoria. Ma analizziamo ora settore per settore, la completa disposizione e nomenclatura dell'impianto fortificato, a cominciare dalla parte più artistico-monumentale: le porte di ingresso alla città.

LE PORTE

Scriveva il celebre architetto veneto Vincenzo Scamozzi, in proposito a come andavano costruite ed inserite le porte nel perimetro difensivo di una cinta muraria: *"Hor facendo il parer nostro le Porte si deono situare, o nel mezzo delle cortine: come si vede osservato nel maggior parte delle Fortezze; essendo che ad ogni empito o sforzo che facesse l'inimico, elle potrebbono esser difese da fianchi de' Ballouardi, che sono di qua e di là; ovvero anco si possino collocare appresso all'uno d'essi fianchi; perché allhora sono coperte dall'orecchione delle spalle, e il cavaliero, che le fusse a lato farebbe*

▶ **Particolare della parte nord-est delle mura venete** tratto dal *"Disegno della città et borghi di Bergamo"* del 1626, all'archivio di Stato di Venezia. Interessante perché mostra le caserme di Sant'Agostino e della Fara oltre all'omonimo burrone-vallone.

Detail of the north-east of the Venetian walls from the "Disegno della città et borghi di Bergamo" of 1626. State Archives of Venice.

◀ **Tav. H - 1600 Le truppe di guarnigione di Porta San Lorenzo**, chiamata Porta Garibaldi dopo che nella seconda guerra d'indipendenza, l'eroe dei due mondi entrò in città, proprio attraversando questa porta. 1 picchiere con morione, gli indumenti sono ancora "larghi" come in uso negli anni finali del 500. 2 artigliere con cappellaccio. 3 picchiere in uniforme tarda (seconda metà del XVII secolo) sullo sfondo altri soldati sono intenti a discutere fra di loro.

Tab. H - 1600 The troops of the garrison at Porta San Lorenzo. 1 Pikeman with morion, the clothes are still "wide" as used in the final years of the 500. 2 gunner with hat. 3 Pikeman in uniform late (second half of the seventeenth century) in the background other soldiers are deep in discussion with each other.

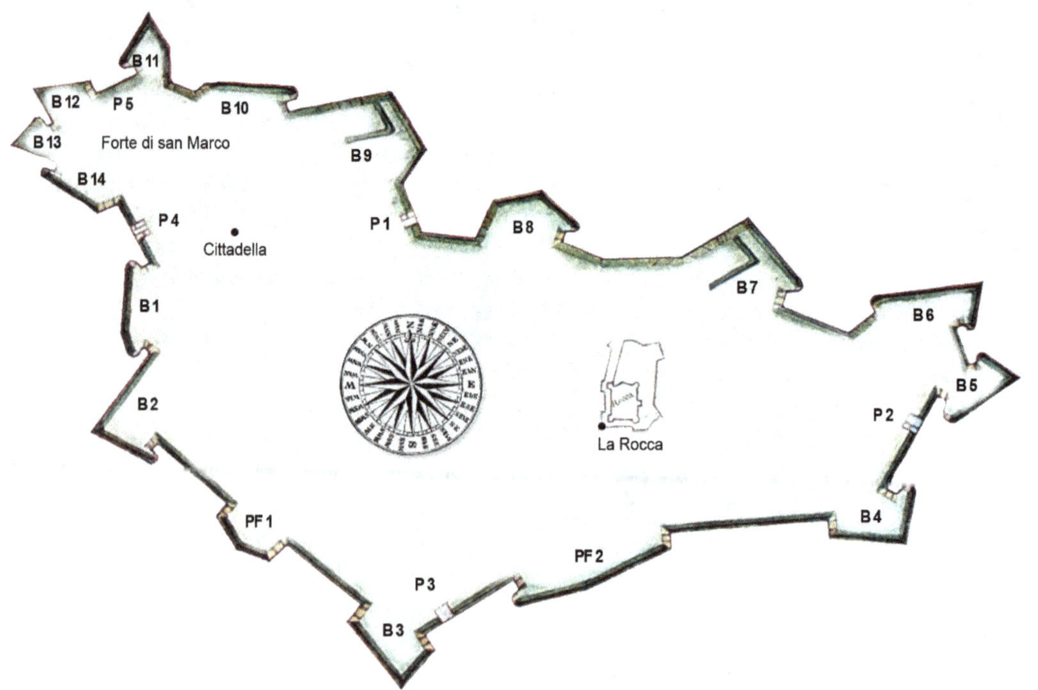

NOMENCLATURA DEGLI ELEMENTI DELLA FORTIFICAZIONE

Le Porte:

P1 San Lorenzo. P2 Sant'Agostino. P3 -San Giacomo.
P4 Sant'Alessandro. P5 Porta del Soccorso.

Bastioni o baluardi:

B1 Sant'Alessandro. B2 S.Giovanni. B3 San Giacomo.
B4 San Michele. B5 Sant'Agostino. B6 Del Pallone.
B7 Della Fara. B8 San Lorenzo. B9 Valverde.
B10 San Pietro. B11 Castagneta. B12 Pallavicino.
B13 S.Vigilio. B14 S.Gottardo.

Piattaforme:

PF1 Santa Grata. PF2 Sant'Andrea.

▶ **Porta di San Lorenzo,** oggi Porta Garibaldi. Fu la prima ad essere costruita, prende il nome dalla chiesa di San Lorenzo abbattuta per far posto alla porta.

San Lorenzo gate, today Porta Garibaldi. Was the first to be built, named after the church of San Lorenzo demolished to make way for the door.

▶▶ **Antica mappa in 3D della città fortificata ,** in essa sono ben identificate le numerose garitte che cingevano bastioni e piattaforme, oltre ai fossati e alle antiche *muraine* che partendo dalle porte di San Giacomo e Sant'Agostino racchiudevano i borghi posti sul piano.

Ancient map of the fortified city in 3D. XVII cent. engraving.

parte della fabbrica, oltre che un copro di guardia sola custodirebbe il fianco, e parimenti la Porta".

La porta S. Lorenzo è la minore tra le aperture monumentali nelle mura di Bergamo; fu la prima ad essere costruita e prese il nome dalla chiesa che sorgeva sul sito, demolita per la costruzione delle mura.

Pochi anni dopo però tale porta divenne inservibile e nel 1615 fu chiusa. I maggiorenti della città la ritenevano poco controllabile da eventuali attacchi nemici provenienti dalle valli Brembana e Imagna. Tuttavia proprio gli abitanti di tali valli ne reclamarono la riapertura, al fine di agevolare i loro traffici commerciali. Addirittura ne pagarono il riscatto, chiesto dalle autorità venete, di 4.000 ducati versati i quali, la porta fu finalmente riaperta nel 1627. Sotto l'arco della porta, fu posta una lapide che ricorda la fine della pestilenza del 1631 e la figura del Capitano Giovanni Antonio Zen che, nel periodo in cui la peste infuriava e la città era allo sbando, rappresentò l'autorità pubblica. Dal 1907 porta la nuova denominazione di "Porta Garibaldi" perché, come già ricordato da qui Giuseppe Garibaldi entrò l'8 giugno 1859 in Bergamo con i suoi Cacciatori delle Alpi.

Giuseppe Locatelli Milesi racconta che il generale giunse presso la porta di S. Lorenzo verso le sette del mattino. L'impiegato del dazio aprì la porta e lo accolse come glorioso liberatore, mentre le guardie presentavano le armi. Anche per questo avvenimento, nel 1907 venne posta una lapide a ricordo.

Porta Sant'Agostino è con Porta Sant'Alessandro la più grande e spaziosa delle porte della città.

Oggi essa rappresenta l'accesso principale del traffico privato e commerciale che unisce la città bassa da quella alta di Bergamo. La sua costruzione risale agli anni attorno al 1575/80 e viene tradizionalmente attribuita al *proto* Berlendis. Per molti anni fu dotata di un ponte di legno che superava la fossa. Solo nel 1781, l'allora podestà di Bergamo Alvise Contarini, nell'ambito di un piano di valorizzazione della città, "regalò" a Bergamo l'elaborato ponte in muratura ad archi, insieme alla più celebre fontana che porta il suo nome e che ancor oggi si può ammirare in Piazza Vecchia, nel cuore di Città Alta. Fedele ai citati dettami dello Scamozzi, la porta è un edificio isolato, posto esattamente nel mezzo della cortina tra i baluardi di San Michele (oggi visibile solo in parte perché nascosto dall'acquedotto) e il baluardo di Sant'Agostino. Edificio a pianta quadrangolare con ingresso a tre fornici, uno principale e due pedonali. Facciata assai curata in pietra arenaria spartita in tre fasce verticali.

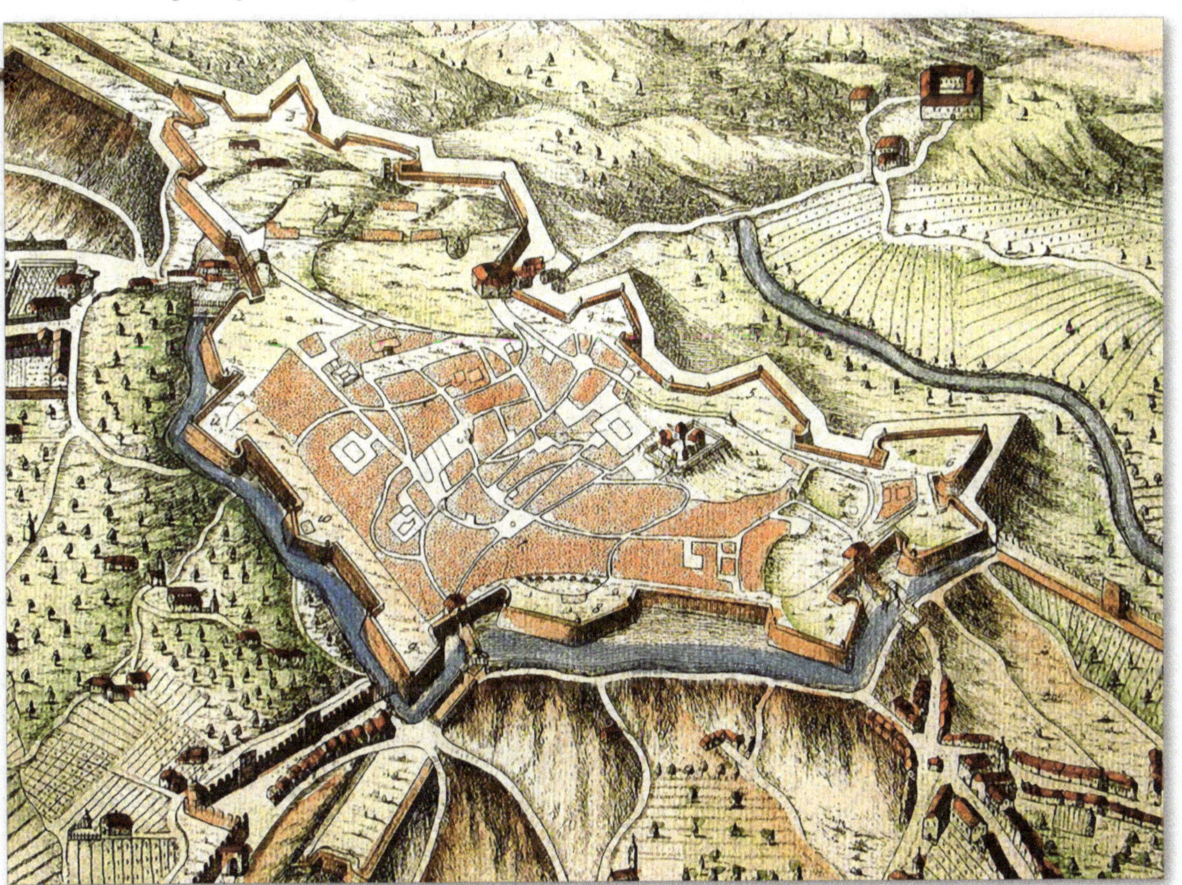

Nel timpano centrale fa bella mostra di sé il leone di San Marco (sostituito dall'aquila imperiale durante il dominio austriaco), ai lati due eleganti obelischi completano la scenografia. Sopra l'apertura principale e alla pusterla posta a sinistra di chi guarda, sono ancora ben visibili le fessure in cui veniva fatta scorrere la catena dei ponti levatoi. All'interno e sulla destra ampi locali erano adibiti al corpo di guardia della porta. Una volta passati sotto alle volte della porta, appare davanti agli occhi dell'osservatore un'elegante fontana a sfondo. Risalente al 1575, questa fu voluta dal nobile veneto Marcantonio Memo, come ci segnala una targa posta sul monumento.

Porta San Giacomo è probabilmente la più elegante e monumentale di tutte le porte della fortezza.
A differenza della altre, tutte costruite in pietra arenaria e mattoni, questa porta ha un bellissimo prospetto in marmo bianco rosato proveniente dalla cave di Zandobbio, nel Bergamasco. Si presume, ma non si hanno dati certi che San Giacomo sia stata disegnata da Vincenzo Scamozzi, mentre si sa che venne edificata sui resti della antica porta che rimase in funzione fino a tutto il 1565.
Di forma simile a quella di Sant'Agostino, anche questa porta mostra in mezzo al timpano il bel leone marciano accompagnato da due obelischi posti ai lati. In più la parte bassa è abbellita dalla presenza di diverse semicolonne toscane. Più stretta ed angusta rispetto a Sant'Agostino, il corpo di guardia destinato alla sua custodia, doveva accontentarsi di spazi assai ridotti. Secondo il primitivo progetto voluto dallo Sforza Pallavicino, questa porta doveva essere costruita diversi metri più indietro, ma questa soluzione avrebbe comportato la distruzione di un maggior numero di case e la contemporanea realizzazione di un ardito (e costosissimo) ponte poggiante su ben sedici pilastri. L'attuale elegante disposizione la si deve invece al buon intuito di Bonaiuto Lorini. Al fondo della strada che vira subito a destra una volta usciti dalla porta si giungeva alla piattaforma del fortino di San Domenico, cosi chiamato perché era su questi spazi che sorgeva l'antico convento poi abbattuto per costruire le mura. Sempre da qui partiva anche il circolo delle mura che difendevano i borghi e la parte bassa della città, le cosiddette *Muraine*. Di esse, completamente abbattute nel 1901, rimangono poche tracce come il tratto di mura con merlature e feritoie originali in via del Lapacano e la torre circolare detta del Galgario nella parte sud-orientale.

Porta Sant'Alessandro, fu dedicata come dice il nome al patrono della città, la cui basilica originale sorgeva poco distante, basilica che fu sacrificata proprio per la costruzione di questo passaggio e dei baluardi vicini. Costruzione robusta e imponente, architettonicamente è sulla falsariga di Sant'Agostino, ma assai meno elegante e raffinata. Interamente realizzata in conci di pietra grigia, privi di plasticità ed appesantita , nella parte alta, da un muro in pietra gialla proveniente dalla vicina cava di Castagneta.

◄ **Porta Sant'Agostino,** sorge nella zona a nord -est della fortezza. Oggi rappresenta il principale punto di accesso alla Città alta. La sua realizzazione fu affidata all'ingegnere bergamasco Paolo Berlendis (vedi a lato).

St. Augustine Gate, is in the north-east of the fortress. Today it is the main access point to the Upper Town.

► **Porta San Giacomo,** certamente la più elegante fra le porte della città.

San Giacomo Gate, certainly the most elegant in the city gates.

►► **Ritratto di Paolo Berlendis,** dipinto di Gian Paolo Lolmo conservato alla Biblioteca civica A.Mai di Bergamo.

Portrait of Paolo Berlendis, painted by Gian Paolo Lolmo kept at City Library A.Mai of Bergamo.

Completa l'architettura l'immancabile leone marciano, da notare in questo caso l'assenza dei due obelischi laterali. Collocata in un punto strategicamente infelice, era gioco-forza la parte più guarnita del perimetro. Difesa da un profondo fossato e da un efficiente servizio di artiglieria al quale concorrevano non solo le bocche da fuoco piazzate a difendere la sua cortina ma anche i soprastanti cannoni del Forte di San Marco.

Infine la **Porta detta del Soccorso**, utilizzata per esclusivi scopi militari, quest' accesso era posto nella cortina che divideva i baluardi Pallavicino e Castagneta. La sua funzione era quella di consentire una sortita in forze a protezione e soccorso (da qui il nome) della vicina fortificazione del castello di San Vigilio. Essendo di solo uso pratico non venne conseguentemente abbellita da decorazioni od orpelli presenti invece nelle altre porte cittadine. Una semplice apertura i cui sono ancora visibili le fessure in cui scorrevano le catene per chiudere il pesante ponte levatoio.

PAOLO BERLENDIS ED EREDI

Certamente uno dei più importanti direttore dei lavori, o *proto* come si diceva allora. Il bergamasco Paolo Berlendis venne incaricato sin dall'inizio nel 1561 per i lavori di costruzione di gran parte delle Mura Venete che circondano Bergamo Alta. Atto voluto per decreto dal Senato della Serenissima. Il nome del Berlendis, nella antica forma di *proto ingegnere* figura infatti nei numerosi documenti attestanti l'avanzamento dei lavori del grande cantiere che modificò sensibilmente l'aspetto della città. Ferdinando Caccia lo menziona nel suo *"Trattato scientifico di fortificazione sopra la storia particolare di Bergamo"*. In questo scritto il Caccia ne tesse le lodi definendolo *"avveduto, sollecito e molto ingegnoso"*. Nel 1566 egli fu chiamato a sostituire Cesare Malacrida, il famoso ingegner Zenese, a completare e rivedere la realizzazione del baluardo di Sant'Agostino, uno degli esempi più significativi dell'architettura militare del Cinquecento e fra i bastioni più discussi di tutte le mura venete. Il Berlendis provvide anche a completare la porta monumentale di Sant'Agostino posta a metà della cortina fra il bastione omonimo e quello di San Michele.

La famiglia Berlendis continuò la tradizione anche col figlio di Paolo, Giacomo che iniziò infatti la carriera di *proto* sotto suo padre. A sua volta anche il figlio di questi, e nipote di Paolo, Bernardo Berlendis divenne direttore dei lavori alla morte del padre avvenuta nel 1592. Questa "promozione" avvenne su precisa richiesta dei rettori della città in conoscenza della grande esperienza e abilità acquisite sul campo. Come già il nonno anche Bernardo portò a termine un'altra porta monumentale, quella dedicata a San Giacomo. Egli si applicò con successo anche al settore dell'ingegneria militare, sempre al servizio della Repubblica di Venezia, che lo promosse anche generale d'artiglieria a Candia. Si sa infine anche di un altro Berlendis, di nome Francesco, forse parente di Paolo, Giacomo e Bernardo. Capitano dell'esercito veneto, nel 1601 ispezionò l'intero perimetro delle Mura della fortezza.

▲ **Porta Sant'Alessandro,** posta nel punto di giunzione fra le lunghe cortine delle mura che danno sulla pianura e il Forte di San Marco. Nei suoi pressi sorgeva l'antica Basilica Alessandrina.

Saint Alexander Gate, located at the point of junction between the long curtain walls overlooking the plains and the Fort of San Marco.

▶ Doge e segretario della Serenissima.

Doge and secretary of Venice Republic

◀ **Tav. I - 1590-1610 Soldati in servizio di Ronda** sotto le capriate di Palazzo della Ragione. Fu proprio la Serenissima che diede questo nome al palazzo comunale, da sempre sede e centro politico cittadino. 1-2 sono due picchieri con diversa foggia, più moderna quella indossata dal soldato in centro, con elmetto seicentesco. La figura 3 rappresenta invece un tamburo di fanteria , l'immagine è tratta da una tela fiamminga del tardo 500.

Tab. 1 1590-1610 Soldiers in the service of Ronda under the rafters of the City Palace. 1-2 are two pikemen with different shapes. The soldier in the center, wearing a typical helmet of seventeenth century. Figure 3 is a drum instead of infantry, the image is taken from a Flemish painting of the late 500.

BALUARDI E PIATTAFORME

Passiamo ora alla descrizione dei baluardi e delle piattaforme partendo da porta Sant'Alessandro e proseguendo in senso antiorario. Dalla cortina della porta dedicata al Santo Patrono di Bergamo incrociamo il baluardo che porta lo stesso nome: **Sant'Alessandro**. Elemento difensivo di particolare importanza a causa della sfortunata ubicazione dell'attigua porta, posta in una sorta di depressione. Per questa ragione questo baluardo aveva una consistente dotazione di pezzi d'artiglieria. Puntate sull'omonima porta esso disponeva di ben quattro cannoniere, due in casamatta e due "troniere" sugli spalti (posizione anche nota col nome di barbetta, detta in tal modo perché la fiammata dello sparo disegnava una specie di barbetta allo spalto che riparava i cannoni). Cannoniere erano inoltre disposte sul fianco che lo collega al successivo baluardo di San Giovanni.

Sul fianco rientrante, prospiciente la cortina della porta, si apriva anche la cosiddetta porta di sortita collegata ai sotterranei delle cannoniere. Questo bastione conserva inoltre una delle pochissime garitte delle decine che in origine arricchivano l'intero circolo fortificato.

Proseguendo incontriamo il possente **Baluardo di San Giovanni**. Questi rappresenta lo spigolo ovest della fortezza. Opera gigantesca, altissima sulla base, è dotata di una cannoniera (visitabile e recentemente restaurata), disposta sul fianco a sud a copertura della cortina di Santa Grata. Questa cannoniera era tipicamente dotata di un parco di 4 pezzi. Due pezzi erano in postazione epigea (all'aperto sugli spalti) e due nella parte interrata (ipogea). Dalla stessa cannoniera ipogea partiva la galleria che conduceva alla porta di sortita nascosta dall'orecchione. Sul lato a Ovest erano poste altre tre troniere a copertura del delicato settore di Borgo canale.

Questo baluardo conserva anche una lapide della seconda metà del 1500. I due baluardi di Sant'Alessandro e San Giovanni potevano inoltre contare sul supporto difensivo loro fornito dalla presenza di cavalieri strategicamente posti sulla sovrastante collina di San Giovanni (Attualmente tale zona è occupata dal Seminario Giovanni XXIII). Proseguendo verso sud-est è la volta della cortina e della successiva **Piattaforma di Santa Grata**. Anch'essa opera massiccia e ben difesa, assai ben progetta e costruita.

Di forma vagamente pentagonale aveva una doppia cannoniera e troniera rivolte verso baluardo San Giovanni, e una cannoniera-troniera semplice rivolte su San Giacomo. Nello stesso fianco coperto si apriva pure qui una

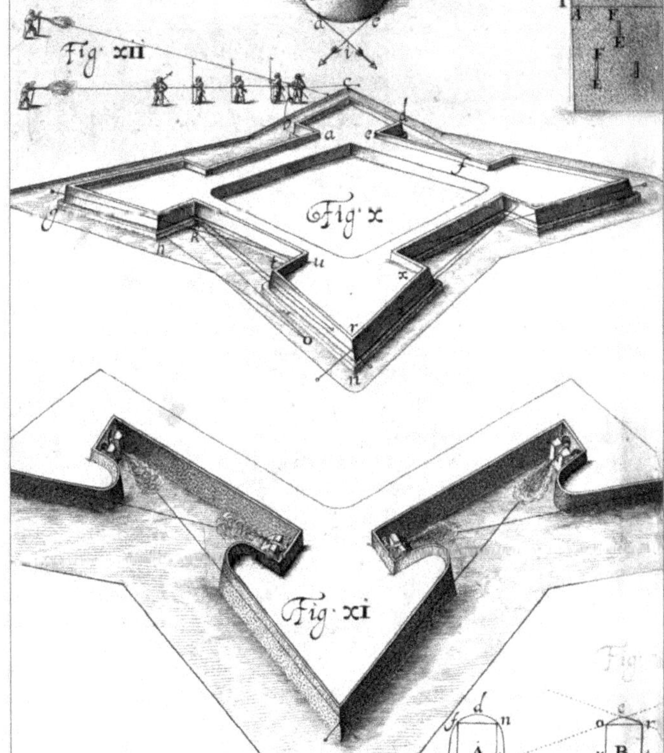

▶ **Particolare delle funzioni d'uso dei bastioni,** da *L'architecture militaire moderne ou Fortification*, di M. Dogen 1648.

Particular use functions of the bastions, from "L'architecture militaire moderne ou Fortification", of M. Dogen 1648.

◀ **Due immagini oleografiche di metà ottocento** in cui è possibile osservare la "pulizia" in cui apparivano bastioni e cortine all'epoca. Sopra si noti il tratto che separa il bastione di san Giacomo a quello di san Giovanni con in mezzo la piattaforma di Santa Grata. La piantumazione ancora non esisteva. La stampa inferiore mostra invece una rassegna militare da parte delle truppe austriache sullo spalto di Sant'Agostino. Particolare degno di nota sono le "casermette" poste fra la Porta e il convento di Sant'Agostino,

Two oleographic images of the XVII century in which we can observe the "cleansing" in which bastions and curtains appeared at that time.

porta di sortita. Probabilmente le due cannoniere ipogee erano fra loro collegate da un passaggio sotterraneo. Alle sue spalle, dove sono ancora ben visibili le mura medievali a protezione del convento di Santa Grata, sorgeva un poderoso cavaliere che completava la ottima difesa del settore, esso permetteva di battere efficacemente sui lati e sul davanti il nemico che si avvicinava ai baluardi. Superata la lunga cortina che divide i due baluardi si arriva al poderoso e appuntito **Baluardo di San Giacomo**. La postazione più meridionale dell'intero complesso difensivo, dislocata in felice posizione dominante, particolarmente favorevole alla difesa della vicina porta posta sull'omonima cortina, ed anche alla copertura del fianco a nord verso Santa Grata. Tuttavia era lui stesso ad essere esposto a motivo della prospiciente elevata collina sulla quale sorgeva la chiesa di Santo Stefano, che per questa ragione venne demolita. Tale altura aveva il doppio problema di "accecare" il tiro da parte delle artiglierie del baluardo, e di permettere al nemico di farsi sotto indisturbato. Inoltre, data la natura del terreno, l'obbligo di "chiudere" il cerchio delle mura, in maniera violenta verso est, forzò la realizzazione di un angolo bastionato troppo acuto (oltre i 70 gradi). Fatto questo che rendeva il bastione assai esposto se fatto oggetto di insistiti tiri d'artiglieria da parte del nemico. Per far fronte a questa intrinseca debolezza venne allora elaborato un progetto che previde la costruzione di un fortino esterno denominato di San Domenico. Il baluardo di san Giacomo era difeso da una doppia cannoniera e troniera rivolta ad ovest verso Santa Grata, e una semplice, nascosta dall'orecchione rivolta a est a protezione della porta. Sempre in questa faccia si apriva al piano di campagna la porta di sortita. Il già citato **Fortino di San Domenico** era un'opera costruita al di fuori delle mura. Di forma rettangolare, una sorta di rivellino, disponeva di due cannoniere e due garitte poste a sud.

Questa opera non risolse tuttavia l'intrinseco problema difensivo costituito dalla debolezza del baluardo di San Giacomo, anzi se si vuole lo amplificò. Probabilmente la migliore soluzione sarebbe stata quella di spianare anche tutto il colle, dopo aver distrutto la chiesa che lo sovrastava. A pareggiare parzialmente questo stato di cose era la forte posizione del cavaliere sovrastante San Giacomo sul terrazzo del Rizzolo dei Monaci, che invece ben poteva, dall'alto, battere tutti i nemici che si fossero avvicinati lì sotto. Dopo porta San Giacomo sorge la lunghissima **Piattaforma di Sant'Andrea**, sotto la quale nel 1887 venne aperta la galleria della funicolare che porta in città alta. Questo settore delle mura è il più alto di tutto il complesso e di

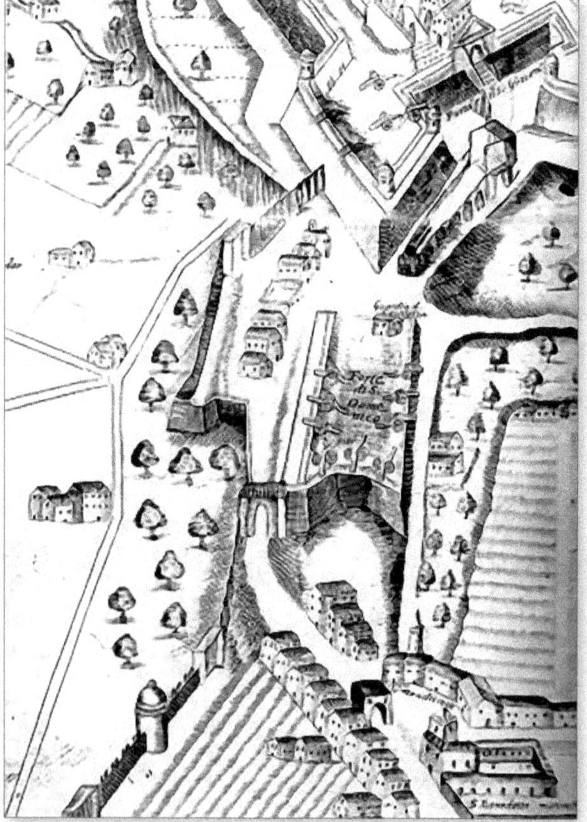

◄ **Particolare del rivellino di San Domenico,** posto immediatamente sotto il bastione e la porta di San Giacomo. Nella pagina accanto, in alto, è visibile lo stesso fortino rappresentato nel mappale napoleonico.

Detail of lunette of St. Domenico, placed immediately below the ramparts and the gate of Saint Giacomo.
On the next page, at the top, you can see the fort represented in the Napoleonic cadastral maps.

► **Tav. J - 1615-1625 Due artiglieri all'interno della cannoniera di San Giovanni.** Le Nottole, un meritorio gruppo speleologico bergamasco ha da anni intrapreso, insieme ad altri enti, la benemerita attività di recupero delle numerose cannoniere di cui era dotato l'apparato difensivo delle mura. Al momento ne sono state recuperate tre ma l'opera continua.

1615-1625 Two gunners inside the embrasure of St. Giovanni.

conseguenza particolarmente impegnativa fu la sua costruzione. Considerata dai tecnici del tempo troppo lunga ed estesa insieme alle limitrofe cortine, questa debolezza era in parte compensata dalla notevole altezza delle mura. La piattaforma disponeva di una cannoniera e troniera semplice a ovest ed un'altra simile ad est. Sempre ad est si apriva anche qui la galleria e la porta di sortita, qui assai ben conservata. Tutte le eventuali scorrerie organizzate dalla guarnigione attraverso queste aperture sulla campagna, erano sempre ben mimetizzate dalla strada coperta che allora copriva soprattutto il settore posto fra Porta San Giacomo e Porta Sant'Agostino. Diviso da una lunghissima cortina eccoci ora al **Baluardo di San Michele**, anche detto **Belfante**. Assai armato, aveva infatti ben due doppie cannoniere e troniere a difesa, la prima della cortina che lo collegava a Sant'Andrea e la seconda a diretta difesa della Porta di Sant'Agostino.

Questa seconda cannoniera ipogea è oggi recuperata e visitabile. Completava il parco di artiglieria una terza cannoniera ipogea disposta sulla faccia a sud. Affrontiamo ora la complessa realizzazione denominata **Tenaglia di Sant'Agostino**, così chiamata per la tipica forma rientrante costituita dai due baluardi, quello del Pallone e quello di Sant'Agostino uniti fra di loro da una breve cortina. Il complesso racchiude al suo interno tutta la struttura dell'ampio convento di Sant'Agostino. Opera inizialmente non prevista (come già ricordato le mura dovevano arrestarsi all'altezza di San Michele), questa estrema propaggine est delle mura rappresentò il punto più debole dell'intera cinta muraria. La natura del terreno, la presenza del profondo e cedevole vallone della Fara (riempito solo nel 1920), l'eccessiva angolazione dei baluardi fecero più volte crollare murature e cortine senza nemmeno ricevere una cannonata...

Il **Baluardo di Sant'Agostino** garantiva la difesa a sud-ovest dell'omonima porta grazie ad una doppia cannoniera e troniera, mentre sull'orecchione rivolto verso nord si trovava una cannoniera e una troniera semplice.

Il **Baluardo del Pallone** aveva invece una troniera con ben quattro pezzi a battere la cortina verso Sant'Agostino e una cannoniera e troniera semplice rivolta a ovest verso la Fara. Superata la cortina si arriva al grande **Baluardo della Fara**. Questi, insieme con la omonima cortina fu l'ultimo settore delle mura ad essere completato nel 1588. E' quindi per questa ragione che sulle sue mura fu posta la lapide marmorea che ne ricorda l'ultimazione dell'intera opera. L'orecchione che guarda sul baluardo del pallone ripara la doppia cannoniera e troniera insieme alle gallerie per la sortita.

Sul fianco a nord verso San Lorenzo troviamo una cannoniera/troniera semplice. Di forma simile, anche perché costruito nei medesimi anni, il collegato **Baluardo di San Lorenzo** e omonima cortina. Dotato di due doppie cannoniere/troniere a difesa della porta di San Lorenzo quella ad ovest e della cortina e baluardo della Fara quella che guarda a est. Persino la lunga cortina di San Lorenzo era dotata di postazioni d'artiglieria: una troniera e una doppia cannoniera ipogea. Baluardo particolarmente ben sistemato, San Lorenzo da solo copriva un vasto settore del fronte. Costruito sulla pietra viva e sormontato ancor'oggi da uno sperone roccioso detto la "montagnetta". Indirettamente ben protetto dalla vicina presenza del Forte di San Marco e dai cannoni della Rocca, non tolse mai "il sonno" ai suoi difensori tanto era considerato sicuro. I restanti baluardi fanno invece parte di quella parte delle mura meglio noto con il nome di Forte di San Marco che andiamo di seguito a descrivere.

FORTE DI SAN MARCO

Importante e decisivo in ambito strategico il Forte di San Marco, rappresentava una sorta di fortezza nella fortezza. Posto nella parte settentrionale di Bergamo alta, il forte occupava la porzione di mura racchiusa fra la porta di Sant'Alessandro e quella di San Lorenzo.

Il suo compito principale era garantire la difesa della città in direzione dei colli e delle valli, oltre a permettere una protetta via di fuga di massa in caso di caduta della città, soprattutto tramite la "segreta" Porta del Soccorso. Pari grossomodo ad un quinto dell'intero perimetro fortificato, il Forte comprende i baluardi di San Gottardo, San Vigilio, Pallavicino, Castagneta, San Pietro e Valverde.

A sua volta il forte era suddiviso in due settori. Il primo chiamato "Forte Superiore", costituita dai possenti baluardi di San Gottardo, San Vigilio e Pallavicino. Settore particolarmente esposto poiché, secondo tutti i responsabili, questa area avrebbe dovuto sopportare il maggior peso di fuoco da parte di un assediante che si fosse "comodamente" appostato sul colle di San Vigilio dopo averlo conquistato. Oppure sistematosi sui colli vicini ancora più alti: quelli di Bastia e Corno. Il Forte Superiore comprendeva un'articolata e complessa serie di strutture sotterranee, cannoniere e gallerie di collegamento che dovevano assicurare la difesa di tale zona in caso di attacchi. Le cannoniere erano tutte raggiungibili tramite due gallerie che partivano dalla "piazza di San Marco". La terza galleria, quella a destra, è una sortita che permetteva di raggiungere la base della fossa antistante le mura.

Il secondo settore, il "Forte Inferiore", ritenuto più tranquillo e meno esposto comprendeva invece i restanti baluardi di Valverde, di San Pietro e quello di Castagneta.

Completiamo quindi la disamina di tutti questi baluardi proseguendo da dove ci eravamo fermati, alla porta di San Lorenzo. Il primo che incontriamo è il **Baluardo di Valverde**, uno fra i più sconosciuti e meno frequentati da turisti e bergamaschi, come del resto quasi tutti quelli del Forte di San Marco. Non vi è qui infatti nessuna "passeggiata" o via pubblica che permetta la vista da vicino di questo tratto finale delle mura a differenza di tutte gli altri già commentati. Valverde, più di tutti è il baluardo che meglio narra le enormi difficoltà incontrate dagli

▶ **Particolare delle strutture militari del Forte di San Marco.** Il disegno fa parte del. *"Progetto per un poligono per la centratura di cannoni da eseguirsi per il Forte di San Marco".* Archivio di Stato di Venezia.

Detail of the military structures of the Fort of San Marco. The design is part of: "Progetto per un poligono per la centratura di cannoni da eseguirsi per il Forte di San Marco". Archivio di Stato of Venice.

◀ **Efficace rappresentazione coeva** delle galleria di mine e contromine utilizzate dai soldati del tempo per vincere o per contrastare un assedio.

A good contemporary representation of the gallery of mine and counter-mine used by soldiers of the time to win or deal a siege.

architetti che hanno costruito la fortezza, chiamati a brigare non poco, tenendo conto della complessa orografia del luogo e della contemporanea necessità di "chiudere" la città. Non si trattò infatti di un progetto in "piano" che, come ad esempio a Palmanova, poteva consentire ai progettisti la ricerca armonica e perfetta, tipica delle architetture militari rinascimentali. Questo baluardo, uno dei più grandi dell'intera cortina, fu anche uno dei meno difesi. Due soli cannoni in postazione ipogea nel vicino baluardo di San Pietro. Mentre le postazioni di quattro troniere erano previste lungo il perimetro delle sue tre facce dotate tutte di garitte di guardia. Del resto la dislocazione del baluardo, e di quello vicino, posti in mezzo a dirupi e vallette senza vie d'accesso, non avrebbe offerto nessuna facilitazione a quel nemico intento a portarvi qua le proprie attrezzature ossidionali. Sufficiente l'alta scarpa e il profondo fossato a garantirne una buona difesa passiva, almeno così pensarono gli ingegneri che lo progettarono. Valverde non aveva porte di sortita e al suo interno trovava posto una cava di materiale usato per la costruzione delle mura insieme a una delle due polveriere "piramidali".

Il vicino **Baluardo di San Pietro** è a tutt'oggi l'unico che abbia subito una parziale demolizione, eseguita nel 1908 per ricavare una strada di collegamento fra la città alta e i borghi sui colli. Lo squarcio ebbe però il torto di distruggere l'unica postazione a tre cannoni affiancati, soluzione assai rara a vedersi anche in altre piazzeforti. Per forma questo baluardo ricorda assai più una piattaforma che un bastione data la sua scarsa profondità. Il suo armamento era completato da una doppia cannoniera e troniera poste sull'orecchione che guarda ad est, sempre nello stesso punto si apriva la porta di sortita. Posto, come anche il baluardo di Valverde su una forte fiancata scoscesa, San Pietro era "naturalmente" ben difeso da questa caratteristica fisica. Giungiamo quindi all'ultimo bastione del cosiddetto Forte Inferiore, il **Baluardo di Castagneta**.

Ben disegnato, dotato di un ardito orecchione a nascondere la doppia cannoniera ipogea e completato da una soprastante troniera, entrambe poste a difesa della cortina sulla quale si apre la Porta del Soccorso che divide il forte inferiore da quello superiore. Sempre sulla faccia ovest, e anche sulla faccia a est trovavano poste due altre troniere. La faccia ovest ebbe anche la singolare caratteristica, unica in tutto il perimetro della fortificazione, di avere la cresta del baluardo terminante a dente di sega, alla maniera antica per intenderci. Questa scelta, forse dettata da "nostalgia" del medioevo sopravvisse comunque pochi anni, poiché subito dopo si preferì anche qui pareggiare il profilo a quello di tutto il resto della muraglia.

Superata la cortina con la Porta del Soccorso, entriamo ufficialmente nel Forte Superiore, e al suo primo elemento, il **Baluardo Pallavicino**, che prese il nome dal costruttore delle mura. Appuntito bastione, ricorda nella

◄ **Particolare della lapide finale** posta a completamento delle mura nel 1588 sul bastione della Fara.

Detail of the stone placed at the final completion of the walls in 1588 on the bastion of Fara.

► **Tav. K - 1630 Artiglieri sul baluardo di San Lorenzo** addetti al pezzo puntato sulla cortina che lo divide dal baluardo della Fara. I cannoni erano piazzati in parte in cannoniere protette sotto bastioni e baluardi cui erano collegati da gallerie di accesso e di sortita, ed in parte erano posti sui terrapieni a cielo aperto dei baluardi e delle piattaforme. 1 e 3 artiglieri addetti al pezzo, 2 ufficiale d'artiglieria.

Table K - 1630 Artillery on the bastion of San Lorenzo assigned to the piece pointed at the curtain that separates from the bastion of Fara.

1
2
3
KL12

1
2
3

forma quello precedente di Castagneta, quasi a disegnare anche qui una tenaglia che ricorda quella già citata di Sant'Agostino. Fra i più armati bastioni delle mura, e nel contempo uno dei più elaborati, nonostante non sia molto grande, in esso erano ospitate cannoniere ipogee e troniere sugli spalti, collegati fra di loro da complesse gallerie e sotterranei. La sortita era prevista lungo il fianco est che dava sulla cortina. Nel baluardo Pallavicino la cannoniera posta a destra difendeva la "Porta del Soccorso" mentre quella posta a sinistra fiancheggiava la faccia nord del baluardo di San Vigilio. La troniera a cielo aperto del Pallavicino, posta verso est è l'unica ad essersi conservata lungo il perimetro della cinta bastionata. La cannoniera rivolta verso il baluardo di San Vigilio ha invece una particolarità: è parzialmente esterna alle mura, all'interno della fossa. Il vicino **Baluardo di San Vigilio**, anch'esso di dimensione contenute era armato da una doppia postazione di cannoni sugli spalti. Piazzati strategicamente a battere quello che era considerato il punto debole della fortezza, l'attigua zona di San Vigilio appunto, che era posta in posizione più elevata rispetto alle mura. Questo bastione aveva anche il compito di prendere a cannonate il Forte di San Vigilio dirimpetto, nel caso lo stesso fosse caduto in mani nemiche. Anche al bastione di San Vigilio, come già a Sant'Alessandro si è conservata una delle 36 garitte che circondavano tutto il tracciato. Terminiamo il nostro tour con l'ultimo bastione, il **Baluardo di San Gottardo**. Anch'esso come il precedente, sostanzialmente privo di cortine, risulta concatenato col vicino baluardo di San Vigilio a disegnare un complesso tracciato, sempre a causa della naturale conformazione del luogo. Questo è soprattutto vero con questo bastione, posto su uno dei declivi più scoscesi del tracciato. Per forma, anche questo ricorda più una piattaforma che un bastione. Questi ebbe il compito primario di difendere l'attigua porta di Sant'Alessandro, per far ciò disponeva di una doppia cannoniera e troniera. Stesso ampio parco era disposto sul fianco opposto verso nord ovest a battere le sovrastanti posizioni collinari. Dotato di porta di sortita e abbellito da una lapide voluta dal Pallavicino, entrambe poste nella zona dell'orecchione posto ad ovest.

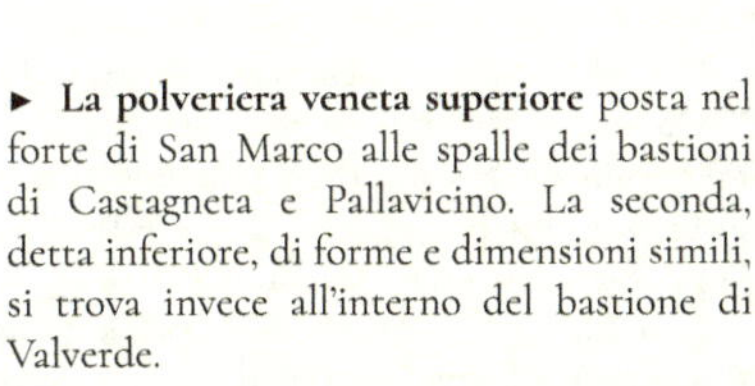

◄ **Tav. L - 1630 Soldati del corpo di Guardia** in riposo nei quartieri di una Porta della città. Notare le tipiche corazze (da picchiere), armi e "impedimenta" degli uomini a difesa della fortezza bergamasca. Sulla parete della casermetta, un leone di San Marco (coppia dall'effigie in Porta San Giacomo).

Table L - 1630 Soldiers Guard in the small barrack of a city gate. Note the typical armor (from Piker), weapons and "impedimenta" of men placed to defend Bergamo. On the wall of the barracks, a lion of St. Mark .

► **La polveriera veneta superiore** posta nel forte di San Marco alle spalle dei bastioni di Castagneta e Pallavicino. La seconda, detta inferiore, di forme e dimensioni simili, si trova invece all'interno del bastione di Valverde.

The upper powder magazine placed in the Venetian fort of San Marco behind the bastions of Castagneta and Pallavicino. The second, called the lower, of similar shapes and sizes, is located inside the bastion of Valverde.

QUARTIERI, CASERME E POLVERIERE

L'impianto militare delle mura di Bergamo prevedeva ovviamente la presenza di piccoli quartieri o casermette militari, oltre a polveriere e un arsenale posto nella Rocca di Bergamo, in cui si riparavano le armi e si fabbricava la polvere da sparo.

Nella zona del forte di San Marco trovavano posto alcune caserme. Quella prossima alla Porta di Sant'Alessandro dedicata alle truppe di guardia alla porta medesima e al forte superiore. Da questo edificio si dipanava il muraglione di Colle Aperto alla fine del quale, nella zona dove attualmente si trova l'orto botanico, era la caserma del Forte inferiore. Alle spalle di questi quartieri vi era la cosiddetta Polveriera Superiore, chiamata dai veneti anche deposito o *tor di polvere*. Insieme a quella posta nella zona del baluardo di Valverde, erano costruite nella tipica massiccia forma a pianta quadrata con tetto piramidale, di oltre dieci metri di lato a grossi blocchi di pietra, con accesso principale sempre rivolto a sud. Queste polveriere erano destinate a contenere la polvere da sparo a servizio delle artiglierie. Anticamente gli edifici dovevano avere un doppio muro esterno a difesa poi andato perduto. Le scorte di armi e viveri dell'intera guarnigione erano invece collocate nella Cittadella prossima a Colle Aperto, la quale era anche la sede della Capitaneria Veneta. Nella Piazza di San Marco, posta dietro alla Porta del Soccorso, sui baluardi di San Pietro e di Valverde vi erano tre ulteriori piccole casermette per gli artiglieri che lì vi operavano. Infine alle spalle di Porta San Lorenzo sui primi sopralzi del Baluardo di Valverde vi era la casermetta per la guardia della porta. Altri quartieri ancora oggi visibili si trovavano sul bastione della Fara e immediatamente alle spalle dello stesso.

Alla Porta di San Giacomo i quartieri occupavano gli spazi dell'attuale palazzo Medolago-Albani. Infine due parole su Sant'Agostino. Destinata da Napoleone (che né confiscò definitivamente la proprietà agli ecclesiastici) a divenire la più importante caserma militare di Bergamo. In parte rivestiva già tale scopo anche sotto la Serenissima. Rispettato infatti l'uso conventuale, l'amministrazione veneta realizzò una particolare struttura di fabbrica angolare appoggiata al chiostro allo scopo di farne il quartiere adibito alla guarnigione posta a difesa della Porta di Sant'Agostino. Questo edificio, dei tanti, è forse il meglio conservato fra quelli rimasti. Progettata dal Vetturi nel 1572, sopra una preesistente struttura di legno, questa caserma poteva ospitare 100 soldati. Edificio a due piani, al suo interno è dotato di un lungo corridoio sul quale si affacciano le camerate della truppa. Smise tale attività militare solo nel 1966 quando l'esercito italiano cedette l'intero complesso alla città di Bergamo!

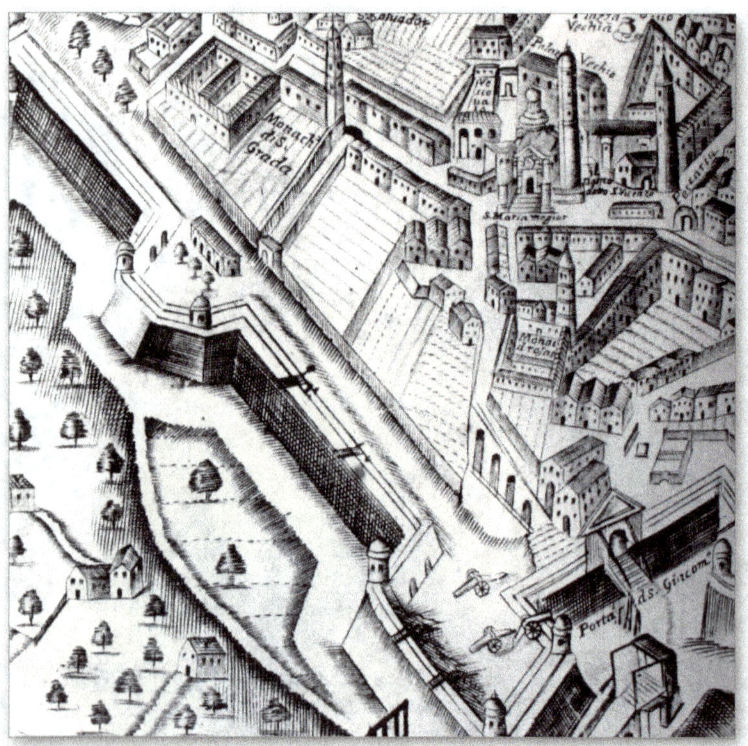

◄ **Particolare di un tratto delle mura a volo d'uccello,** interessante la presenza della casermetta, oggi andata perduta posta nel mezzo della piattaforma di Santa Grata. Stampa coeva.

Detail of a section of the wall in a contemporary engraving. Interesting the presence of the barracks, now lost, placed in the middle of the platform of Santa Grata.

► **Tav. M - 1635 Moschettieri in servizio di Guardia** in piazza della Cittadella. 2: Tamburino dei moschettieri. Insieme con i picchieri, i moschettieri costituivano il nerbo di ogni forza armata nelle fanterie dei decenni fra la metà del 500 e la metà del 600. 4: qui è raffigurato il blasone araldico dei governatori veneti. Affresco piazzato nel palazzo di piazza della Cittadella a Bergamo Alta.

Table M - 1635 Musketeers Guard service in Citadel Square. 2: Drummer of the Musketeers.

4
1
2
3

1
2

◄ **Tav. N - 1635 Artiglieri nei pressi della polveriere del forte san Marco.** 1 sergente d'artiglieria e armigeri con corazza. 2 Sergente istruttore di "scolari" d'artiglieria.

Tab. N 1635 Artillerymen near the powder magazine of the San Marco fort. 1 artillery sergeant and troops with armor. 2 Sergeant instructor of artillery "scolari".

► **Bastione di Sant'Alessandro,** notare una delle pochissime garitte (delle 36 esistenti in origine) sopravvissute sulle mura.

Bastion of Saint Alexander, noted one of the few guérites (of the 36 pre-existing) survived on the walls.

▼ **Vista di infilata di un bel tratto delle mura rivolte a sud,** si vedono la piattaforma di Santa Grata e il Bastione di San Giacomo e le due omonime cortine che li dividono.
View of a beautiful stretch of the wall facing south, you can see the platform of Santa Grata and the Bastion of San Giacomo and the two homonymous curtains that divide them.

◄ **Infilata di bastioni,** dagli spalti di San Giacomo, Santa Grata fino a San Giovanni posto sullo sfondo ai piedi del colle di San Vigilio. Appare qui evidente la posizione delicata e strategica di questo colle.

Row of bastions, from the ramparts of St James, Santa Grata to San Giovanni placed in the background at the foot of the hill of St. Vigil. There is a clear strategic location of this hill.

► **Bastione di San Lorenzo con la "montagnetta",** come appare dall'alto del Forte di San Marco.

Bastion of San Lorenzo with the "Montagnette", as appears from the Fort of San Marco.

►► **Particolare della caserma cinquecentesca di Sant'Agostino,** fra le meglio conservate degli edifici originali adibiti a questo scopo. Svolse il suo servizio di caserma fino al 1966 !!

Detail of the sixteenth century barracks of St. Augustine, one of the best preserved of the original buildings used for these purposes. He served as a barracks until 1966!

▼ **Porta San Giacomo, splendente nel suo marmo rosato,** alla cui destra si apre la cortina e la lunghissima piattaforma di Sant'Andrea.

Porta San Giacomo, resplendent in his pink marble, on the right opens the curtain and the long platform of St. Andrew.

▲ **Bastione di Sant'Agostino,** Particolare dell'orecchione a copertura della porta. Questo bastione era particolarmente usato dalle guarnigioni per addestramento, rassegne militari e simili.

Bastion of St. Augustine, Detail of the corner to cover the door. This bastion was particularly used for garrisons training, military exhibitions etc.

► **Porta di accesso al quartiere/caserma della Fara,** (Particolare). Sugli spalti dello stesso bastione erano presenti altre due casermette.
Door to the barracks of Fara, (Detail). On the terraces of the same bastion were two other barracks.

◄ **Tav. O - 1635 La ronda delle mura in agguato.** A ulteriore difesa del periodo, squadre di soldati, a turno, eseguivano quotidianamente il cammino di ronda alla base delle mura, allo scopo di sventare eventuali assalti di sorpresa o opere di sabotaggio..

Tab. O 1635 The watch of the walls in working… As a further defense of the fortress, squads of soldiers, in turn, performed daily the patrol walk at the base of the walls, in order to prevent any assaults or sabotage works ..

1
2
3

LA GUARNIGIONE VENETA

Finita la costruzione della fortezza, i soldati posti a guardia del cantiere tornarono ai loro quartieri e si provvide, un po' maldestramente, a dotare le mura di una guarnigione che le difendesse. Nel 1592, l'allora capitano Nicolò Michiel mise in guardia le autorità della Repubblica circa l'esiguità e la scarsa professionalità delle truppe preposte alla custodia della grande piazzaforte, che tanto era costata alla città e a Venezia. Tale forza era costituita da soli 290 uomini entro le mura e da altri 50 di guarnigione alla "Cappella", vale adire al castello di San Vigilio. Queste truppe avrebbero dovuto efficacemente vigilare su oltre 20 fra bastioni, porte e piattaforme. Garantire l'ordine pubblico entro la città alta. Gestire armerie, caserme, polveriere, depositi, turni di Guardia ecc. Abbiamo notizie del tempo che segnalano che delle 32 garitte di guardia e cavalieri poste sul perimetro delle mura, solo meno della metà erano regolarmente vigilate. I bastioni erano stati riforniti di un numero sufficiente di pezzi d'artiglieria (109), tuttavia la loro dislocazione all'esterno, o nelle umide gallerie sotterranee delle cannoniere ne avevano rapidamente inficiato la loro efficacia, facendo marcire gli affusti di legno, e rendendo difficoltoso il loro spostamento.

Altra problematica, sempre dovuto alla scarsità del personale, era quella concernente la conservazione e la dislocazione delle polveri necessarie alle artiglierie. Un altro notabile veneto, il podestà Alvise Priuli (quello della via Priula), segnalava lo scarso valore delle truppe a disposizione:

"..i soldati sono di malissima qualità...la più infame gente... foresti, per lo più provenienti dallo Stato di Milano (dal quale solo avrebbe potuto venire un eventuale attacco a Bergamo n.d.r) *..parte inutili et parte scelleratissima gente..".*

Si narra persino che una notte alcuni di questi infidi soldati presero d'assalto la cassa della camera fiscale, la derubarono completamente, per poi fuggire lasciando sguarnita la difesa delle mura loro preposte.

Teoricamente in casi disperati, per la difesa della fortezza si poteva far assegnamento anche agli uomini validi che vivevano all'interno del circolo delle mura. A fine cinquecento il numero degli abitanti di Bergamo alta era di circa 7.000 unità, ma di questi solo 2.000 erano potenzialmente utili in un eventuale assedio. Il Senato veneto con l'inizio del nuovo secolo prudentemente aumentò la sparuta guarnigione a 416 uomini. Una media di un soldato ogni 15 metri di fortificazione! Per fortuna dei destini di Venezia e di Bergamo, queste mura non subirono mai nessun assedio nel corso della loro

◀ **Tav. P - 1640 Picchieri di guardia a Porta Sant'Agostino.** La principale porta di accesso odierno alla città alta posta a sud-est è insieme con quella di Sant'Alessandro la più massiccia e grande. Alle sue spalle sorge l'imponente convento di Sant'Agostino. Parte di questo convento venne riadattato a caserma, compito che continuò svolgere fino agli anni 60 del secolo scorso.

Table P - 1640 Pikemen guard at St. Augustine Gate. The main gateway to the city placed in the southeast, with Sant'Alessandro Gate is one of the most massive and large.

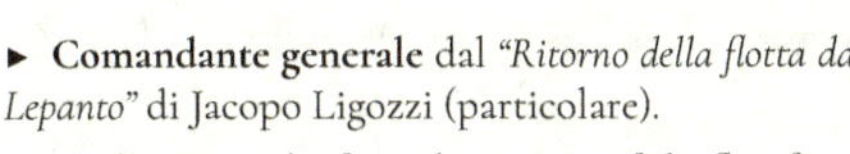

▶ **Comandante generale** dal *"Ritorno della flotta da Lepanto"* di Jacopo Ligozzi (particolare).

General Commander from the "Return of the fleet from Lepanto" by Jacopo Ligozzi (detail).

storia. Appare infatti chiaro che un esercito nemico, neanche troppo numeroso, che si fosse portato sotto la cinta muraria, magari di notte e col favore della sorpresa avrebbe avuto facilmente ragione delle labili difese della città. Se anche avesse attaccato in pieno giorno insistendo nel punto più debole e meno difendibile, magari agendo contemporaneamente con manovre diversive su più parti distanti del perimetro difensivo, sarebbe nel breve venuto a capo della resistenza della guarnigione occupando la città col minimo sforzo. Del resto negli stessi anni lo Stato veneto poteva contare su un esercito regolare che ruotava a malapena attorno alle 20.000 unità. A questa armata era inoltre demandato il controllo di un gran numero di piazzeforti sulla terraferma, e soprattutto oltremare, e molte di quest'ultime a diretto contatto col temibile nemico turco necessitavano di un maggiore impegno anche numerico. In guerra questo esercito grosso modo si raddoppiava grazie all'assoldamento di milizia territoriale denominata cernide, di dubbio o scarso valore militare.

L'ESERCITO VENETO FRA 500 E 600

Dalla fine del 500 e per buona parte del 600, negli anni cioè in cui venivano completate le mura di Bergamo, le armate venete erano composte da un nucleo di professionisti e assoldati costituito da ufficiali e militi salariati. Questi, in caso di guerre o conflitti erano integrati da milizie straordinarie di mercenari anche dette *cernide*, cioè una sorta di milizia territoriale variamente addestrata. Si trattava di un usanza assai diffusa negli eserciti europei, almeno fino alla fine della Guerra dei Trent'anni a metà del XVII secolo. Nei vari conflitti che si succedettero in quegli anni; dalla Guerra di Cipro, alla guerra detta di Gradisca fino alle rivolte di Valtellina, la Serenissima impiegò un numero di uomini stimabile fra i 20 e i 30.000. In quegli anni Venezia era già stabilmente orientata ad occuparsi soprattutto della terraferma, dando progressivamente sempre meno importanza strategica all'aspetto militare navale.

I numeri degli eserciti citati nei tre conflitti, diminuivano a circa un terzo nei periodi di pace. Meno di 10.000, di cui poco più di 2.000 dislocati sulla terraferma, per maggior parte posti di guarnigione nelle numerose fortezze dello stato fra cui Bergamo. Quasi 5.000 uomini erano inviati in servizio oltremare nelle guarnigioni di Corfù, Cefalonia, Candia, Zante ecc.

Completavano gli organici 1.500 cavalleggeri e un migliaio di "uomini d'arme", i moderni cavalieri rinascimentali. Il censimento militare del 1620 contava: quasi 14.000 fanti, 1.000 *corazze* (uomini d'arme), 700 cavalleggeri balcani (i cosiddetti cappelletti) e 200 archibugieri a cavallo. Nello stesso periodo le *cernide*, arruolate alla bisogna, potevano fornire altri 40.000 uomini, di cui la metà in terraferma, e l'altra in oltremare. Nell'ambito della fanteria, la *cernide* veneta della fine del 500 annoverava le seguenti specialità: moschettieri o archibugieri in misura del 60% dell'intera forza del reparto. I picchieri costituivano il restante 40%. Venezia negli anni a venire, si mostrò più moderna di altre nazioni in questo campo militare, aumentando sempre più la percentuale delle armi da fuoco rispetto alle picche, e abbandonando progressivamente l'archibugio in favore del più moderno moschetto. Caratteristica tipicamente veneta era la suddivisione della catena di comando. La Serenissima accanto ai capitani e comandanti militari, pose sempre un rappresentante civile incaricato di

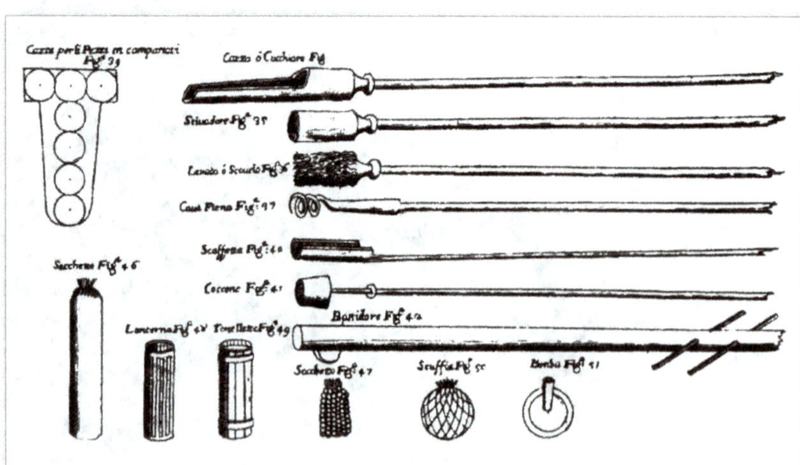

◄ **Attrezzi dell'artigliere.** Dal famoso trattato *"Delle fortificazioni"* di B.Lorini.

Tools of the gunner. From the book "Of the fortifications" by B.Lorini.

► **La conquista di Tiro.** Questo quadro offre numerosi spunti sul costume militare veneziano di fine 500. Tela del 1590 di Antonio Vassilacchi detto l'Aliense, Palazzo ducale Venezia. (particolare).

The conquest of Tyre. This canvas of A.Vassilacchi offers many ideas on the Venetian military costumes of XVI cent.

dividere le responsabilità in materia difensiva. Perciò accanto al Capitano Generale, vi fu sempre la figura del Provveditore Generale (cosa che spiega la doppia presenza dei blasoni sulle lapidi venete del periodo). Ed ancora al Collaterale Generale (militare) erano agganciati i *Pagadori* nobili ecc. Al vertice della gerarchia politica su tutti vi era la figura del Provveditore Generale. Il suo parere era determinante in ogni riunione o consiglio, e se diversi erano i pareri, risultava il solo vincolante.

Fra i militari il massimo grado lo rivestiva il Capitano Generale che comandava la fanteria e l'artiglieria, mentre il Governatore Generale comandava la cavalleria. Entrambi erano indipendenti e non subordinati l'uno all'altro, almeno fino al 1562. Da tale data il primato del comando fu concesso alla figura del Capitano Generale. Questa fu una misura costretta per il Senato veneto a causa della difficoltà di subordinare una carica all'altra. Per la storia che a noi interessa in modo particolare, citiamo il compito dell'edificatore della fortezza di Bergamo, lo Sforza Pallavicino. Nobile emiliano (era tipico e sovente che Venezia affidasse questi alti incarichi ad un non veneziano, pagando in questo modo il prezzo per garantirsi stabilità politica) fu per la prima volta eletto alla carica di Governatore Generale nel 1559 con uno stipendio annuo di circa 20.000 ducati annui, con i quali era anche soggetto al mantenimento di 10 uomini d'arme e 100 cavalleggeri.

Nel 1581 Sforza Pallavicino marchese di Cortemaggiore ottenne il rinnovo del mandato per altri sette anni. Non li trascorse tutti venendo a mancare nel 1585. Alla sua morte Venezia, propose per una rinuncia a tale incarico di comandante supremo, preferendo ingaggiare di volta in volta Capitani Generali per periodi più brevi e soprattutto con salari assai più contenuti.

◄ Guazzo seicentesco che ritrae alcuni soldati in mezza armatura, tipica dei picchieri.

Seventeenth-century gouache depicting soldiers in half armor, typical of pikemen.

► **Batteria d'artiglieria del 1600.** Questa stampa francese offre un'interessante vista d'insieme di come si poteva presentare l'attività degli artiglieri e la disposizione dei cannoni. Dal *"Discours sur la conduite et l'emploi de l'artillerie"* del Vassallieu.

Battery of artillery in 1600. From the "Discours sur la conduite et l'emploi de l'artillerie" of Vassallieu.

I BOMBARDIERI E I CANNONI

Le truppe della guarnigione bergamasca avevano i più disparati incarichi, e quindi appartenevano alle diverse specialità: picchieri e moschettieri di fanteria, corazze e cavalleggeri, qualche capelletto per i pattugliamenti. Ma l'arma più importante in una piazzaforte era l'artiglieria e quindi i bombardieri e i loro pezzi da fuoco, cannoni, mortai, sagri e colubrine. Quella dei bombardieri, in un esercito votato per necessità alla difensiva era l'arma regina, la più importante e quindi soggetta ai maggiori sforzi in termini di ammodernamento ed efficienza da parte dello stato. Protetti da Santa Barbara, i bombardieri trovarono un loro sviluppo a seguito del disastro subito da Venezia ad Agnadello nel 1509. Dopo che Venezia tornò in possesso dei suoi territori di terraferma decise di porre in atto quei provvedimenti che scongiurassero in futuro altri disastri. Fra questi rientravano l'apertura di scuole di bombardieri. A fine 500, nelle maggiori città e fortezze della Repubblica vi erano quasi 5.000 uomini nelle scuole d'artiglieria. Di questi alcune centinaia erano i *provvisionati*, il resto *scolari*. Sul confine occidentale le principali scuole erano a Brescia, Crema, Orzinuovi e ovviamente a Bergamo. La scuola di Bergamo era ospitata all'interno della Rocca; il fortilizio centrale e più sicuro della città murata.

I *provvisionati* erano bombardieri regolarmente assunti ed arruolati, essi percepivano un mensile di 4 ducati al mese, mentre un capo bombardiere arrivava a sei ducati e mezzo. Per candidarsi ad una *provisione* e farsi quindi arruolare, il candidato doveva superare un esame pratico di uso del pezzo, ed uno orale su disparate materie quali: aritmetica, geometria, planimetria, meccanica e..." *in architettura militare e altre materie non del tutto ignorante...*". Passato l'esame al candidato veniva rilasciato l'attestato, una patente in pergamena generalmente ben miniata a testimonianza dell'importanza dell'incarico! Gli *scolari* invece erano artiglieri a tempo indeterminato come diremmo oggi. Percepivano la paga solo se attivi e in servizio, potevano però vantare alcuni diritti e vantaggi quali l'esenzione di alcune tasse e gabelle daziarie su alcuni beni quali farina, legno e vino. Gli *scolari* erano anche abilitati al porto di armi. L'addestramento di questi soldati part-time avveniva una volta al mese, di domenica.

Essi si presentavano al bastione a far pratica al tiro col falconetto sotto l'attenta vigilanza degli anziani bombardieri professionisti. Insieme questi imparavano a far fuoco con i loro cannoni. Una brava squadra riusciva a far fuoco col proprio pezzo ogni 7-8 minuti circa con una cadenza pertanto di 9-10 colpi orari. Oltre al fuoco, un buon team di bombardieri doveva sapere spostare velocemente i vari pezzi la dove maggiore era il bisogno, e per tale scopo il capo pezzo doveva anche sapere organizzare il trasporto dei pezzi più pesanti, anche aiutandosi con animali, buoi o cavalli, a volte fino a ben 14 bestie !

Ad ogni "tiro" l'equipaggio di ogni pezzo doveva fare le seguenti operazioni, ben divise in base all'incarico rivestito da ognuno di loro.

1- L'aiutante , generalmente uno *scolaro*, usava lo scovolo, una sorta di scopone con l'estremità a forma cilindrica di spazzole. Con esso puliva la canna per liberarla da residui degli spari precedenti, quindi rinfrescava il tutto con acqua e aceto. Il bombardiere che teneva il *"buttafuoco"*, attrezzo che serviva ad appiccare il fuoco alla miccia per far fuoco, era anche soggetto a tenere pulito e aggiornato il focone ad ogni operazione di tiro. Per far ciò aveva a tracolla una borsa coi ferri del mestiere fra cui lo *stile* per liberare il focone, il corno con la polvere fina per l'innesco ed un particolare pugnale detto *"centovinti"*. Quest'ultimo aveva una scala graduata incisa sulla lama che serviva come promemoria per i calibri, esso era anche usato per pulire il focone.

2- Un altro aiutante artigliere si aiutava, con una sorta di mestolo-cucchiara ad inserire la polvere nel fondo del cannone entrando dalla bocca del pezzo. Dopo la polvere era la volta dell'aggiunta della paglia o della stoppa; il tutto opportunamente pressato.

3- Nel frattempo un altro inserviente preparava la palla, dopo averla ben pulita con uno straccio, dopodiché veniva a sua volta inserita nel cannone ben pressata coll'aiuto del calcatoio.

4- Infine il capo pezzo preparava la miccia, versando dal suo corno la polvere fina nel focone.

Poi dando buona prova di conoscere altimetria e mira posizionava il pezzo per prepararlo al tiro, e grazie al *"buttafuoco"* dava fuoco alle polveri tenendosi a debita distanza dal cannone ed evitare cosi i pericoli del rinculo dell'arma. Alla fine dell'uso operativo di cannoni e obici, gli artiglieri erano tenuti alla copertura dei pezzi (se non protetti da cannoniere coperte) tramite dei camicioni di legno detti *mantelletti*, che avevano il compito specifico di proteggere i preziosi cannoni dalle intemperie.

La dotazione della fortezza di Bergamo comprendeva i seguenti pezzi (il primo numero si riferisce alla dotazione del 1596, il secondo a quella del 1675):

Falconetto da 3 e da 2 libbre della lunghezza media di 150 cm. (11-15).

Falconetto da sei libbre Lunghezza media 230 cm. (13-0)

Falcone da 4 libbre (12-24). Falconetti da istruzione (0-6)

Sagro (o sacro) da 8 libbre della lunghezza fra i due metri e i due metri e mezzo (0-15)

Cannoni e colubrine da 14, 16, 20, 30, 50 fino a 100 libbre. Le colubrine, a parità di calibro erano mediamente più lunghe dei cannoni. Ad esempio le armi col medesimo calibro di 50 libbre erano lunghe fino a 3 metri se cannoni, fino a quattro metri se colubrine. I cannoni da 20 a 100 libbre furono 31 nel 1596 e 23 nel 1675.

Negli stessi anni, le colubrine da 14 a 100 libbre: rispettivamente 15 e 18.

Vi erano poi nella seconda metà del 600: 17 *Saltamartin* da 4 libbre, 2 mortai da 100 libbre e 4 *petriere da macoli* (La *petriera* è simile a un cannone: come questi, è realizzata con una fusione di metallo; ma il cannone petriero era molto più corto e leggero dei cannoni e colubrine suoi pari calibro. La canna era alquanto più sottile).

Per la gittata ci rifacciamo al trattato redatto da Alessandro Capobianco nel 1598. Egli suddivide i calcoli in due capitoli: tiro di punto in bianco (vale a dire senza elevazione in mira orizzontale) e con alzo di 15° pari alla prima tacca della squadra di artiglieria in uso al tempo (secondo valore indicato).

Falconetto 3 libbre: 160 metri – 800 metri.

Falcone da 6 libbre: 380 metri – 1.900 metri.

Sagro da 12 libbre: 433 metri – 2.150 metri.

Colubrina da 50 libbre: 640 metri – 3.200 metri.

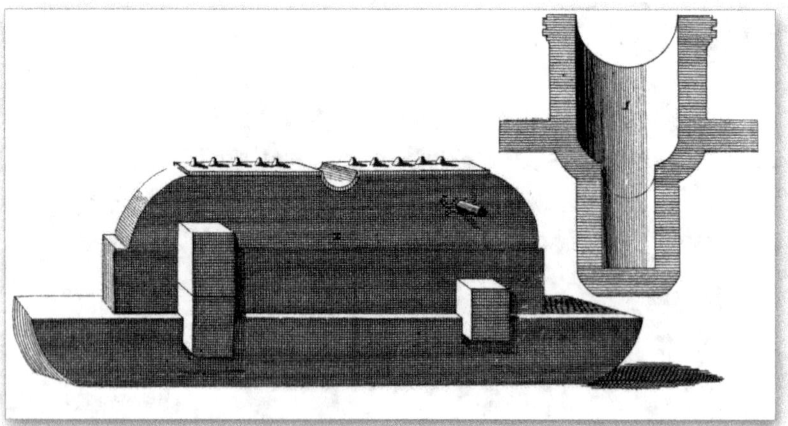

◄ Mortaio o trabucco e relativo affusto
Mortar and its gun carriage

► **Tav. Q 1640 Oziando sugli spalti.** 1-2-3-4 artigliere, moschettiere e sergenti di fanteria (1620-1640). La vita militare sulle mura di Bergamo fu certamente agevolata dal fatto che le stesse non subirono mai nessun assalto durante la loro storia. Ciò tuttavia non significava che fosse una vita esageratamente comoda. La guarnigione infatti era alquanto sottile, e per poter garantire adeguata sicurezza e protezione i soldati erano tenuti a faticosi turni di guardia e di servizio.

Artillery men on the wall.

1
2

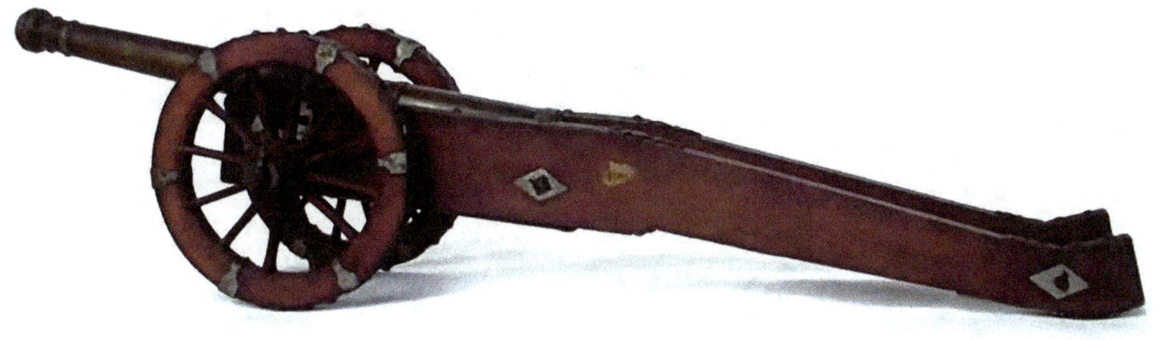

Considerando poi che tali armi tiravano da posizione sopraelevata posta sui bastioni, un buon bombardiere poteva, sparando dai bastioni di San Giacomo, colpire comodamente, ad esempio un obiettivo posto nel luogo dove oggi si trova la stazione ferroviaria di Bergamo!

Nel 1609 la relazione ufficiale dell'ingegnere Giacomo Berlendis attribuisce alla piazzaforte di Bergamo ben 105 canne da fuoco serviti da un numero di artiglieri cosi suddiviso: 9 *provvisionati* assistiti da ben 323 *scolari* , mentre in tutto lo stato vi erano 82 bombardieri del primo tipo (cioè stipendiati) e 4.469 dei secondi! L'abbigliamento di tali soldati era assai comodo e pratico. Composto da un berrettino tondo, una giubba ampia chiusa in vita da una cintura cui erano applicate borse e corregge per tenere gli attrezzi. In tenuta da parata essi indossavano un cappellaccio a larghe tese generalmente nero o scuro, a volte guarnito di fiocchi o piume. Giacca bianca o grigia con gorgiera tonda di pizzo. Braghe verdi corte strette al ginocchio, calze rosse e scarpe nere.

▲ **Sagro veneto.**
Venetian gun called sagro.

◄ **Tav R 1635 Artiglieri giocano a dadi in una cannoniera ipogea.** Durante i lunghi turni di guardia i soldati di guarnigione consumavano il loro tempo giocando a carte o a dadi, spesso scommettendo le loro paghe. Pratica proibita dalle autorità ma assai diffusa fra la truppa.

Table R 1635 Gunners playing dice in a underground gunboat. During the long guard duty soldiers stationed consume their time playing cards or dice, often betting their wages. Practice prohibited by the authorities but widespread among the ranks.

▶ **Bastione sottoposto ad assalto nemico.** Notare le trincee di avvicinamento ossidionale.

Bastion subjected to enemy attack. Note the trenches siege approach.

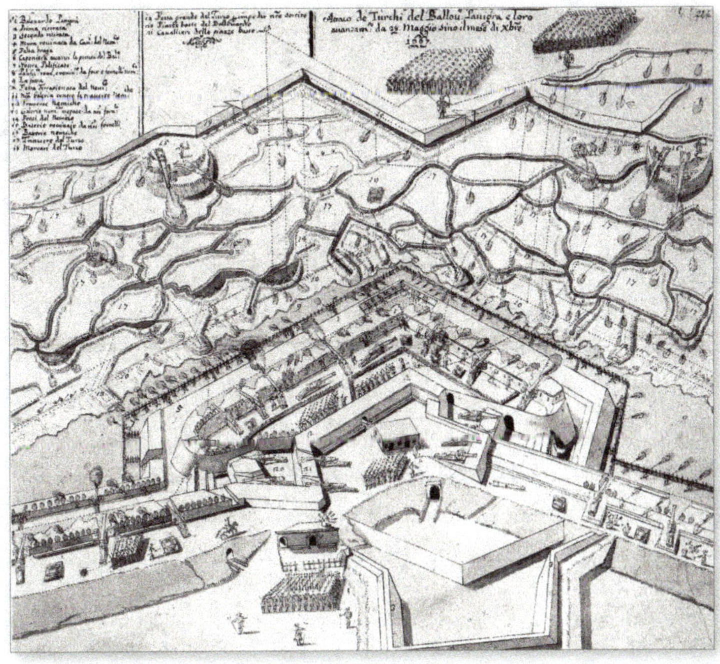

I Capitani G.nali dell'armata Venettiana, sogliono uestire questo habito, e tale fu uisto
già il S.or.mo Sebastiano Veniero quando fracasso l'armata Turca a i Curzolari l'anno 1571

Franco forma con Priuilegio

▲ **Soldati veneti del XVI secolo.** 1 capitano generale a cavallo. 2 Ufficiale in tenuta di città. Acquerelli di Quinto cenni 1907 circa.

16th century Venetian soldiers. 1 captain general on horseback. 2 Officer in ordinary dress. Watercolors of Quinto Cenni about 1907.

◄ 1570 **L'ammiraglio Sebastiano Vernier,** massima autorità militare del tempo, alla battaglia di Lepanto, anonimo, 1610. Sanguigna Conservata al Riikmuseum di Amsterdam.

1570 Admiral Sebastiano Vernier at the battle of Lepanto, anonymous, 1610. Riikmuseum Amsterdam

LA FANTERIA MERCENARIA E LE CERNIDE

A Venezia era uso arruolare un po' ovunque i propri soldati. Oltre che ovviamente dal serbatoio dei nativi e sudditi, l'esercito veneto arruolava nei Balcani, in Corsica e grazie ad un particolare e duraturo trattato anche dal vicino (e amico) Cantone Grigioni. Gli svizzeri non erano i soli stranieri a rendersi disponibili per questo servizio. Altri contingenti provenivano, in gran parte da Francia, paesi tedeschi e Olanda.

Nelle milizie mercenarie confluivano in maggior numero i non sudditi veneziani. Al contrario nelle cernidi o ordinanze, il servizio era sostanzialmente riservato ai cittadini della Repubblica.

Le truppe dislocate nelle varie fortezze o settori erano spesso sposati in toto da un luogo all'altro dopo un periodo relativamente breve di servizio. Questo accorgimento fu adottato per evitare legami possibili (e problemi derivanti) con le popolazioni locali.

La Repubblica stabiliva un contratto col capitano per gestire la leva. Allo stesso affidava la cifra iniziale di 3 ducati per uomo; oltre a ciò Venezia si accollava tutte le spese necessarie ai trasferimenti dei reparti.

Una volta entrati in ruolo, i soldati erano divisi in quelle che erano le specialità di quei tempi: archibugieri, moschettieri e picchieri. Negli anni fra il 1585 e la metà del 600, la paga media di un soldato era di 3/4 ducati mensili, (6 o sette per le truppe dei Grigioni, considerate più professionali). Un alfiere riceveva una paga quasi tripla, sergenti e caporali quasi doppia.

Il regolamento veneto prevedeva che, grazie alla paga sia il soldato che il sottufficiale si presentassero con il loro equipaggiamento e vestiario completo; tuttavia questo non accadeva quasi mai, e pertanto bisognava istituire servizi di vestizione ed equipaggiamento per rifornire le reclute di tutto quanto necessario. In questo caso al soldato veniva poi trattenuto il costo dal proprio salario. Le armi dal canto loro non costavano poco. Tenendo presente che il valore di uno scudo era pari a circa 140 soldi, alcuni prezzi dell'equipaggiamento erano i seguenti: Elmo e armatura da picchiere 650 soldi. Spada 70, picca 100, archibugi e moschetti 350. Il sofisticato *Schioppo da ruoda*, vero gioiello della tecnica armoriale del tempo costava ben 800 soldi ! Con ciò che restava della paga, il soldato doveva provvedere ad acquistare: vestiti, cibi e bevande.

Solo l'alloggio in caserma era gratuito.

A tal proposito è interessante riportare ciò che scriveva nel 1601 il Provveditore generale di Palmanova Nicolò Sagredo al Senato veneto: *"..abbattuto quel che spendono in scarpe, polvere e piombo, non restano a pena in dieci soldi al giorno dei 18 ricevuti, pensi Vostra Serenità se è possibile vivere a questi tempi con questa paga, che in pane solo vi vanno otto soldi ciascun giorno; onde degli altri due soldi bisogna, che comprino il vino, et qualche altra cosetta..".*

Insomma fare il soldato per Venezia non arricchiva di certo! Questa quotidiana precarietà obbligava il soldato a due scelte entrambe diffuse: il secondo lavoro e la diserzione dall'esercito.

► **Ufficio d'arruolamento.** Il lavoro del soldato non era, in assoluto la peggiore mansione che si potesse scegliere in quegli anni. Tuttavia i costi della vita uniti a quelli dell'equipaggiamento (a carico delle reclute) rendevano dura la vita, almeno per i primi anni.

Army enlistment office in Venice.

◄ **Soldati veneti nei primi anni del 600.** Particolare del quadro - lo scambio del bastone di comando e delle chiavi di Padova tra i rettori di Pietro Damini.
Venetian soldiers in the early XVII cent.

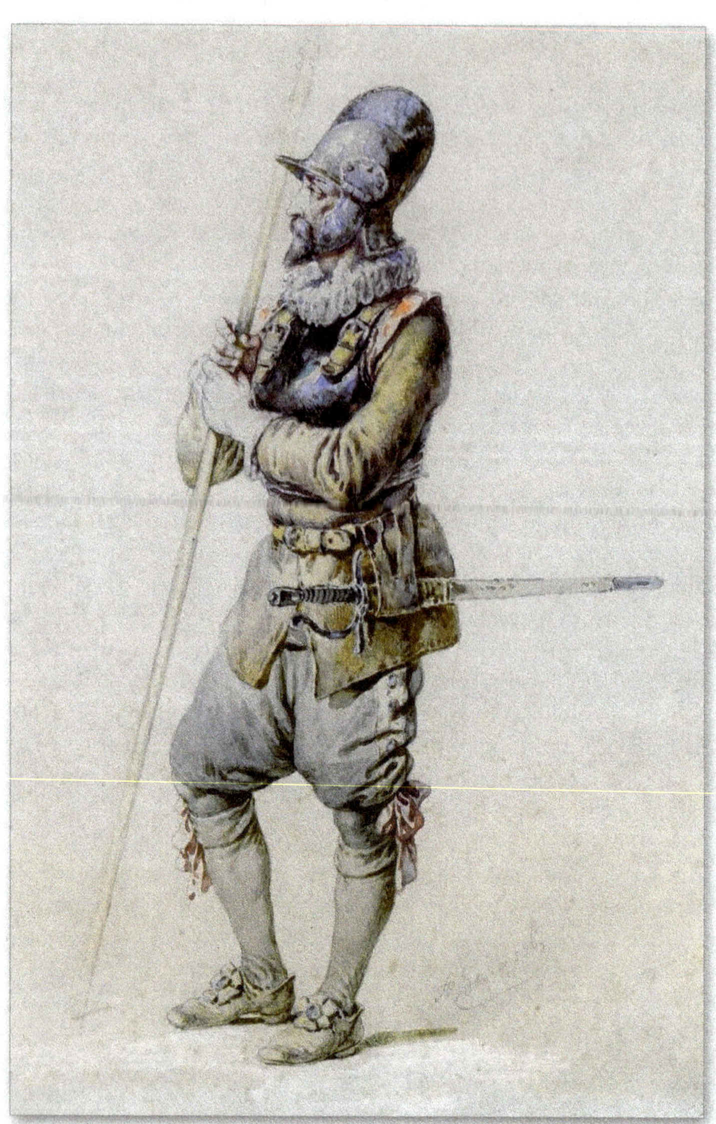

Chi optava per la prima si ingegnava a lavori straordinari, sempre in ambito militare, come lavorare nella fabbrica delle armi, scavare la fossa ecc. In alternativa, se optava per un lavoro artigianale, la scelta cadeva sull'attività di: sarto, barbiere, calzolaio fino al *revendigolo* o lo *strasser* (robivecchi). La scelta di disertare era in genere accompagnata dalla furbata di farlo subito dopo aver incassato la paga ed essersi riempiti di debiti. Questo fatto ovviamente aggravava parecchio la responsabilità del disertore, che qualora catturato veniva destinato a pene esemplari: dai cinque anni di galera coi ferri ai piedi, fino alla morte o la condanna perpetua ai remi delle galere. Anche la taglia offerta di 25 scudi a chi dava notizie sui fuggiaschi era un deterrente alle fughe, ed era quindi un comprensibile rischio quello che questi soldati si prendevano disertando.

Una compagnia di fanteria era costituita dal capitano, dall'alfiere, da un certo numero di sergenti e caporali, uno o due tamburi e 100 fanti suddivisi nelle specialità di moschettieri e picchieri.

Il capitano portava come segno di riconoscimento una alabarda o una partigiana lavorata e ben incisa e indossava sulla corazza la *Banda da Capitano* messa in diagonale. Il resto del suo armamento era costituito dalla spada, dal pugnale o *stillo*, corazza incisa e lavorata, uno scudo e una bella celata. *Un archibugio da ruota* e un paio di pistole completavano il tutto. Durante i frequenti spostamenti delle compagnie di cui si è detto, era uso per i capitani portarsi dietro anche tutta la loro mobilia, ovviamente facendo fare il facchino ai propri servitori o a qualche soldato pagato poco e male. I sergenti erano forniti di alabarda alta poco più di due metri. I picchieri invece erano armati di picca, da cui il loro nome. Quest'arma "*..deve esser longa piedi 15..*" vale a dire poco più di cinque

► **Moschettiere veneto, tardo 500.** Bella sanguigna dell'artista veneziano Giovanni Contarini (1549-1605). Assai interessante data la contemporaneità del suo autore. Il soldato porta un vecchio archibugio ed indossa un elmo di foggia quasi classica. Curiosamente la stampa è riprodotta in modo speculare. La spada dovrebbe infatti stare sulla sinistra del soldato e la fiaschetta da polvere sulla destra.

Venetian Musketeer late XVI cent. Beautiful sketch of the Venetian artist Giovanni Contarini (1549-1605). Very interesting given the contemporary of its author.

metri. I picchieri, almeno quelli delle prime fila più esposte, sono soggetti ad indossare il corsaletto, specie di piccola corazza difensiva. Tutti invece indossavano un copricapo di metallo detto morione o bacinetto del peso di circa due chilogrammi. Una spada completava l'armamento.

I picchieri venivano di norma scelti fra i soldati più grandi e forti dati il notevole peso di equipaggiamento e armamento che essi dovevano maneggiare. I moschettieri erano armati come si deduce dal nome dal moschetto o archibugio. Detta arma pesava dai sette agli otto chilogrammi, e necessitava per l'uso di una speciale forcina, alta fino ad un metro e mezzo che permettesse al soldato di far fuoco e contemporaneamente di tener bene la mira. Il moschetto aveva un tiro utile di 200/300 metri, assai impreciso, esso aveva una certa validità se usato in gran massa di fuoco. La cadenza massima di tiro al tempo era di uno sparo al minuto se operato da un soldato professionista. Essendo necessario far uso di miccia, queste armi risultarono sostanzialmente inutili in caso di pioggia. Per l'uso della sua arma il moschettiere indossava a tracolla una bandoliera di cuoio in cui erano allegati dei bossoli lignei, solitamente dodici, da qui il termine "dodici apostoli". Questi contenevano la polvere e il necessario per un tiro di moschetto. Sempre legato alla stessa bandoliera vi era poi la fiaschetta della polvere fina usata per l'innesco. Una spada completava l'armamento. Il moschettiere non indossava l'elmo, sostituito da un pratico e largo cappellaccio a larghe falde e piumaggio. L'uniforme come è noto non era ancora diffusa al tempo, saranno gli svedesi nel corso della guerra dei 30 anni, i primi ad uniformare col colore blu le loro divise, in modo da renderli riconoscibili da amici e nemici.

Pertanto le truppe venete calzavano braghe, camicioni, corsetti e tabarri delle diverse fogge e tagli, generalmente dei colori usati nei vestiti "borghesi" del tempo: marroni, grigi e neri.

Le Ordinanze o Cernide avevano specialità e numeri assimilabili alla fanteria mercenaria appena descritta, salvo il fatto, già ricordato, che si doveva trattare di cittadini veneti di età compresa fra i 18 e i 34 anni. La durata in servizio era stabilita in anni quattro. Erano tenuti al servizio, in caso di necessità tutti gli uomini validi in numero minimo di quattro per contado con l'esenzione dei capifamiglia. Ne erano esclusi anche i servi, i poveri e i reietti della società "..che per povertà ogn'anno mutano habitatione". La principale differenza che vi era fra soldato e cernide era che quest'ultima veniva pagata solo se in servizio, il che avveniva se lo stato abbisognava di ciò in vista di un conflitto o di un pericolo. Le cernide furono generalmente poste nelle guarnigioni o a guardia dei confini, quindi sicuramente nella Bergamasca.

► **Tav. T -Armi da botta e asta.** 1-2: punta di picca e partigiana da sergente. 3 e 8: punte di alabarda . 4-5: mazze e ascia da botta e taglio. 6,7 e 14: else di schiavona e schiavone, la tipica spada pesante veneta di origine slava con elsa a cesto. La 7 è in realtà una pallash o palasz, detta anche *pallossa* dai veneti. Spada pesante slavo-orientale a lama diritta. 9: coltellacci di origine slavo-orientale. 10: morione a cresta. 11 e 13: due diversi tipi di borgognotta. 12: elmi a coda di gambero tipici della cavalleria pesante del primo 600.

Table T - White weapons. Sword and schiavones, axes, knives, halberds and partisanes. Helmets and morions.

10
11
14
12
13
8
9
3
1
2
4
5
6
7

12
10
8
9
8
11
6
7
5
4
1
2
3

◄ **Tav. U - Armi da fuoco e artiglierie.** 1 e 2: canne da cannone in bronzo (fine XVI sec. Primi del XVII.). 3: Cannone leggero da piazzaforte. 4: obice sul suo affusto ligneo. 5,6 e 7: puntali di acciarini, foconi e attrezzi per dar fuoco alle polveri dei cannoni. 8: forcelle per sostenere schioppi ed archibugi. 9: pistola ad acciarino, anche detta pistola a ruota. 10: attrezzi per caricare, pulire e sistemare le armi da fuoco come pistole, archibugi e moschetti. 14: cartucciera per moschettiere, soprannominata anche "12 apostoli" dal numero medio delle cartucce preparate e agganciate alla bandoliera, cui era applicata anche la fiaschetta delle polveri. 15: tre tipi diversi di archibugi e moschetti da fanteria.

Table U - Firearms and artillery. 1-2-3-4 guns and howitzer. 5-6-7 artillery equipment. The other are muskets, arquebuses and related furniture.

► **Soldato veneto a cavallo con fucilone primi '600.**
Venetian horseman with gun. Early XVII cent.

▼ **Antica stampa della mappa di Bergamo alta,** opera di Johan Faber del XVII secolo.

Rare print of the map of Bergamo, by Johan Faber XVII century.

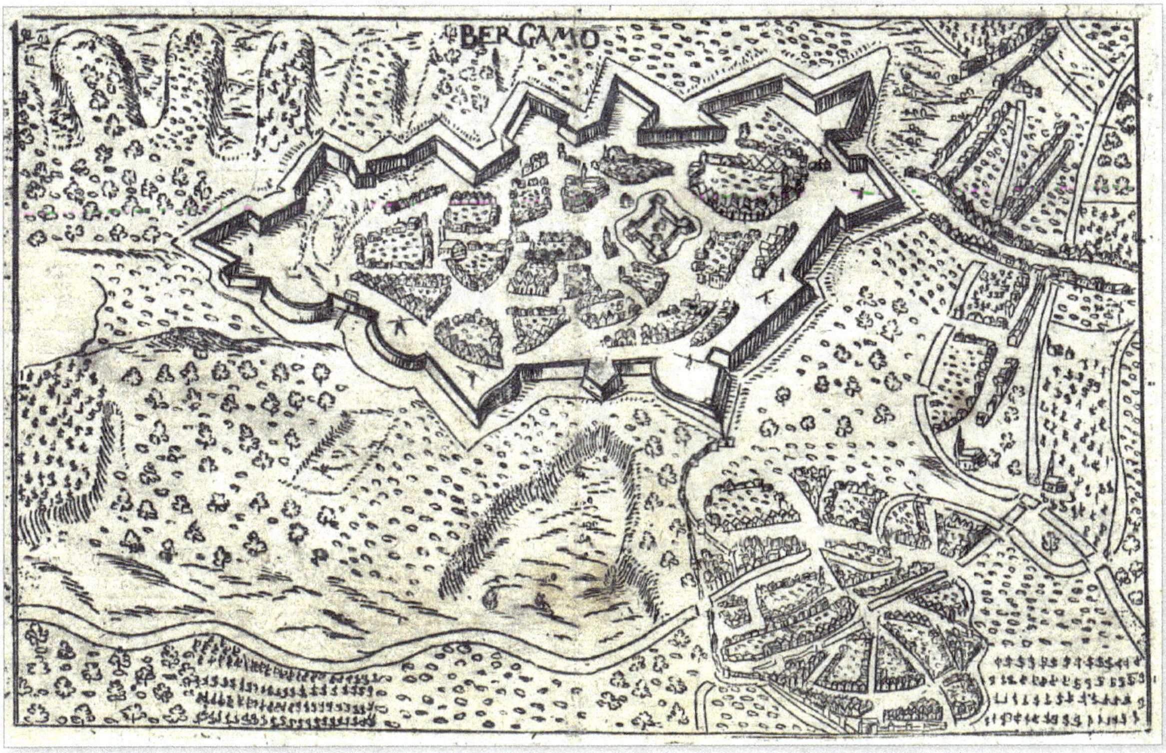

▲ Uomini d'arme a cavallo fine 500. Si tratta di incisioni contemporanee di area tedesca, tuttavia ben ritraggono l'armamento e il costume militare in uso anche a Venezia negli stessi anni. In alto archibugieri montati e cavalleggeri. Sotto corazze e uomini d'arme. La corazza completa del tardo 400 ha fatto posto ad uno stile più leggero e sobrio che lasciava libere le gambe.

Men at arms of late XVI cent. German drawings, however the weapons and military costume in use in Venice in the same year.

▶ Cernide a cavallo e a piedi si prepara ad un assedio, schizzo del XVII secolo.
Cernide infantry and cavalry is preparing for a siege, sketch of the XVII century.

LA CAVALLERIA E LE CORAZZE

Gli uomini o genti d'arme rappresentavano la parte nobile dell'esercito veneto. Essi traevano origine dalla storica tradizione dei cavalieri. Organizzati in *lance*, erano costituite dal nobile cavaliere o uomo d'arme, bardato e armato di tutto punto, cui erano sottoposti un cavalleggero armato alla leggera detto *sacomano* ed un servo che cavalcava l'animale più malandato detto il *roncino*. Questi era adibito al trasporto degli effetti personali del *capo lanza*. Questi cavalieri erano riuniti in compagnie di 50 cavalieri, perciò in totale la compagnia era formata da 150 uomini. Tuttavia erano a "salario" i soli combattenti, i costi degli altri erano a diretto carico del cavaliere. Come si può ben intuire, soprattutto dopo aver analizzato la fanteria, tale struttura militare sapeva di antico e anacronistico già allora. Tuttavia Venezia non rinunciò a queste formazioni, in primo luogo per venire incontro alle necessità delle famiglie nobili, piuttosto attaccate a questo mondo e a questi ideali. Nel 1590 erano a "ruolo" ben 14 squadre di queste formazioni, la denominazione di alcune delle quali rimanda immediatamente a Bergamo, come la *Pallavicina*, la *Martinenga* e la *Suarda*. Nel massimo del fulgore quest'arma arrivò a contare fino a 500 uomini. Tuttavia con la progressiva scomparsa dei nobili che ne facevano parte, i vari Provveditori Generali erano sempre più favorevoli alla trasformazione o alla confluenza di questi reparti nelle più moderne *corazze*. Nel 1622 il senato decise allora di porre fine a quest'anacronismo, pagando e licenziando le bande. Mantenne però titoli, e spettanze ai loro nobili condottieri con l'obbligo, in caso di necessità di arruolare una nuova compagnia di *corazze*. Queste nuove formazioni presero quindi il posto delle genti d'arme. Il loro nome derivava dal fatto che i loro componenti erano equipaggiati da una armatura (corazza) che li proteggeva dalla testa al ginocchio. Completava la tenuta un paio di pesanti stivaloni di cuoio. La corazza aveva un peso complessivo di circa 30 kg.

La principale novità rispetto ai cavalieri stava nell'armamento. Dismessa la superata e inutile lunga lancia, questi cavalieri erano armati di spada e di due pistoloni a ruota e/o *terzarolo (corto archibugio)*. La tattica di combattimento era quella detta del *caracollo* che consisteva nell'avvicinarsi al nemico linea per linea, scaricare le proprie armi, ritornare in ultima fila, ricaricare le armi e tornare a far fuoco al proprio turno. Questi uomini erano radunati in compagnie di 60-70 uomini. I loro salari erano generalmente superiori a quelli dei fanti. La paga mensile era di 50 ducati per il capitano, 30 per gli altri ufficiali e 8 per ogni corazza. Negli anni attorno al 1620 si contavano circa 1.100 corazze nell'ambito dell'armata veneziana. A completare la cavalleria vi erano poi gli archibugieri a cavallo che derivavano per tradizione dai balestrieri a cavallo. Soldati levati soprattutto in Lombardia, Veneto e Umbria, essi erano armati di archibugio e di pistoloni. Vestivano in maniera leggera rispetto alle corazze, tuttavia in taluni casi potevano indossare un corsaletto protettivo. Nei regolamenti del primo seicento una compagnia formata da 50-60 uomini doveva, almeno per metà, portare anche una lunga lancia. Molto utilizzati durante i conflitti, questi archibugieri furono sostanzialmente inutili nei periodi di pace, ritenuti non idonei per i servizi di polizia, di frontiera e pattugliamento, e ad essi furono

preferiti le formazioni dei capelletti balcanici. La forza di questo reparto nel 1616 era di circa 600 uomini. Tipicamente praticavano il caracollo nei combattimenti, tuttavia ad essi era anche affidato il compito della cavalleria leggera ben descritto in questo trattato contemporaneo: *"vagliano particolarmente per guardare quartieri, per andar di scorta, massime quando si marcia con carri, per battere i camini, per andar a pigliar lingua. E similmente nelle occasioni di marciare possono gli archibugieri metter piedi a terra, et occupare qualche buon posto... si mandano anche talhora sparsi per la campagna ad incontrar, et infestare il nimico"*. Insomma dei moderni dragoni *ante litteram*.

1
2

I CAPELLETTI

Acompletamento dell'esercito veneto rimanevano i servizi di sanità, genio e milizia da mare. Oltre a queste armi sussidiarie desideriamo concentrarci qua su un particolare e variopinto reparto, quello dei *capelletti*. Questi erano prevalentemente dei cavalleggeri di origine dalmata, balcanica o greca.
Già definiti *stradiotti* in passato, essi nel 1590 contavano circa 1.000 effettivi divisi in sedici compagnie. Armati alla leggera, cavalcavano piccoli ma nervosi e resistenti animali. Oltre ad archibugio e pistole ebbero in dotazione la tipica spadona detta *schiavona*, una caratteristica spada pesante con elsa a cesto. In alternativa erano equipaggiati con una spada ricurva di foggia orientale. Il capitano della compagnia portava anche una pesante mazza ferrata come segno distintivo.
Vestiti alla moda slava, caratterizzata dai tradizionali *opancici*, tipici calzari fermati da lunghe stringhe di cuoio. Dagli inizi del 600 troviamo tutte le compagnie di *capelletti* stanziate in terra ferma e divise in piccoli distaccamenti autonomi. Adibiti a compiti di polizia e di controllo delle frontiere, questi uomini avevano l'incarico di catturare e perseguire i disertori, e anche per tale fatto non erano molto amati dal resto dei soldati dell'esercito. Generalmente disprezzati anche dalla popolazione che ne denunciava frequenti vessazioni e soprusi. I *capelletti* erano tuttavia lodati dalle autorità della Serenissima, che per voce del Provveditore Generale Niccolò Sagredo essi erano: *"..una milizia molto più necessaria, di ogni altra, più obediente et della quale se ne cava ottimo servitio"*.

◄ **Tav V . 1635 Capelletti della Dalmazia** in servizio confinario alla dogana di Averara (BG). Cappelletto era il termine seicentesco per definire gli *Stradiotti*. Soldati e cavalleggeri di origine greca o balcanica. 1- Soldato oltramarino (disegno di Bruno Mugnai),. 2 – Capelleto dalmata a cavallo, armato di ascia di tipo orientale e schiavona.
I capelletti oltre al compito di sorvegliare i confini, avevano anche incarichi di polizia militare, fatto che gli procurava non poche antipatie fra i soldati veneti degli altri reparti.

Table V. 1635 Dalmatian Capelletti in the border service at the customs of Averara. In the seventeenth century, the name of capelletto was the term to define the Stradioti, soldiers and cavalry of Balkan or Greek. 1 - Soldier ultramarine (drawing by Bruno Mugnai). 2 - Dalmatian riding capelleto, ax hate oriental and schiavona. The capelletti service guaranteed: guarding borders, military police, exploration and other works.

► **Capelletto a piedi armato di moschetto.** Notate la tipica foggia orientale delle calzature, braghe aderenti, giacca e copricapo. Schizzo tratto da stampa coeva, colorato dall'autore.

Capelletto at foot armed with a musket. Note the typical oriental style of footwear, trousers, jacket and hat. Sketch taken from contemporary print, colored by the author.

Il Mol.to Reud.o D. Stefano Surich Capi.no de Mordachi della Ser.ma Replublica di Venetia
in Dalmatia.

APPENDICE: I CAPITOLI DI UN COMANDANTE NEL 1587

uesti "Capitoli" di un ufficiale imperiale nell'anno 1587, ben illustrano il potere che qualsiasi comandante militare aveva nei confronti dei suoi uomini tra la fine del 500 e il 600.

Capitoli che si hanno da osservare sotto il mio colonellato.

- Et prima che ogn'uno sia devoto et timoroso del Sig. Iddio, et chi biastemmarà il Suo Santissimo Nome con disprezzo et mala manera et di cattivo esempio cada a la pena d'essergli tagliata la lingua.

- Ch'ogn'uno, sia Capitano, offitiale o soldato conforme al giuramento fatto appresso l'insegna, i diti alti sotto il cielo, di mai machinar contra il servitio del Serenissimo nostro Prencipe et i suoi paesi et luochi, et incorrendo in qual si voglia errore di tradimento cadda a la pena della vita.

- Chi sollevasse o causasse abbattimento fra i soldati cadda a la pena della vita.

- Chi farà furto alcuno, o pigliarà l'altrui, sotto qual si voglia colore, cadda a la pena della vita.

- Chi ammazzarà alcuno cadda a la pena della vita.

- Chi sarà ritrovato a dormir facendo la sentinella in campagna o nelle fortezze, sia ben ammazzato ò, accusandolo quel officiale alla giustitia, cadda a la pena della vita.

- Chi non obbedirà a li comandi del colonello in iscritto ò in voce per terra ò per mare in servitio di Sua Serenissima Altezza et de man in mano secondo i gradi ogn'uno nel suo essere fin al ultimo grado cadda a pena della vita.

- Chi cazzarà man alle armi sia presso l'insegna, ò qual si voglia altro luogo proibito, cadda a la pena d'essergli tagliata la mano.

- Chi non obedirà nel marchiare, ò nel stare in battaglia con obedire ogni minimo officiale, massime essendo cospetto de lo inimico, cadda a la pena della vita.

- Chi abbandonerà l'insegna, ò chi scamparà con la paga ò senza, ò mostrarà altro segno di viltà, cadda a la pena della vita.

- Chi forzarà Donne, Donzelle, o simili altri misfatti, si di qual si voglia conditione, cadda a la pena della vita.

- Chi i capitani et oficiali, così alla mia presenza come in mia absenza, siano tenuti a procurar ogni utile et commodo così per il vivere, come per ogni altro avantaggio dei soldati, i quali gli sian raccomandati come fratelli, ne li debban castigar senza legittima causa. Però ognuno si guardi della mala ventura.

Adì Settembre 1587, Pietro de Strassoldo, Colonello.

► **Antica mappa dei possedimenti veneti in Terraferma.** 1640 circa.

Ancient map of the Venetian possessions on the mainland. About 1640.

◄ *Il Molto reverendissimo D.Stefano Surich, capitano dei Morlacchi della Serenissima Repubblica di Venetia in Dalmatia.* Morlacchi, stradiotti, schiavoni capelletti ecc. erano tutti termini che indicavano le truppe arruolate da Venezia nei Balcani e in Dalmazia.

Dalmatian commander of "Morlacchi". Morlacchi, stradiotti, schiavoni and capelletti, were all synonyms indicating the troops recruited from Venice in the Balkans and in Dalmatia.

5
7
6
3
4
1
2

GLOSSARIO DELLE FORTIFICAZIONI

Antemurale, opera leggera anteposta come prima difesa contro il nemico, costruita variamente

Baluardo, o *Bastione*. Il termine, per taluni trattatisti, distingueva le opere in muro da quelle in terra, dette appunto, più comunemente, bastioni. La distinzione si è poi persa nel tempo a identificare esclusivamente le opere in muro.

Barbetta, in ogni sorta di postazione a tiro radente di cannoni a cielo scoperto, detta in tal modo perché la fiammata "faceva la barba allo spalto" che li riparava.

Bastida o **bastia**, caposaldo avanzato fuori delle mura con caratteristiche fortificatorie semi permanenti e strutture leggere, costruito in legno e terra.

Bastione, elemento pentagonale (due facce, due fianchi, una gola) posto fra due cortine angolate in asse alla bisettrice del loro angolo al fine di realizzarvi tiro fiancheggiante irrobustendo contemporaneamente lo spigolo. Sinonimo di baluardo. Nella porzione ritirata del fianco si disponevano di solito (sotterranee o a cielo aperto) le batterie nascoste (al tiro frontale nemico) dette anche "traditore".

Bolzone di un ponte levatoio è il bilico contrappesato che serve ad alzarlo o ad abbassarlo.

Bombardiera o **troniera**: foro nella muraglia adoperato per cannoneggiare il nemico.

Caminada, **caminadella**, strada interna corrente contro mura, adiacente a quelle e a servizio della manovra necessaria alla loro difesa. Non va confusa col cammino continuo di ronda.

Cannoniera o **troniera**, apertura variamente angolata che difende il pezzo di artiglieria da posta, in casamatta o in barbetta. Quasi sempre costituita con forti spessori di pietra in semplice o doppia tromba di muro con arrotondamenti anti-scheggia dei merloni laterali.

Cavaliere, in genere qualsiasi opera fortificata più elevata di un'altra. Dapprima frequente sull'asse dei primi bastioni, venne gradatamente abbandonato quando gli svantaggi della esposizione a bersaglio superarono i vantaggi offerti dalla posizione dominante.

Controguardia, opera a V staccata, con facce parallele e più basse di quelle del bastione che, in tal modo, difendeva, raddoppiava e anticipava. In passato detta anche *Mezzaluna*.

Cortina, porzione del perimetro fortificato che si stende tra bastione e bastione. Cortina a forbice o a tenaglia è quella formata da due lati ad angolo rientrante.

Lunetta, opera addizionale esterna aperta alla gola costituita da un saliente a due fianchi. Si inseriva come seconda *Controguardia* al di là dello spalto.

◄ **Tav. W Bandiere e insegne venete.** 1: Bandiera navale veneta, tardo 500. 2: bandiera a coda di rondine di fanterie della Repubblica di San Marco. 3: Gonfalone veneto. Il leone pone la zampa sopra il vangelo, durante i conflitti i veneziani spesso sostituivano questo con una spada. 4: Bandiera veneta di fanteria (dalla raccolta Bassan). 5: Tipico stendardo di fanteria di reggimenti "noleggiati" in questo caso bavarese impiegato nella guerra di Candia. 6: Stendardo di cavalleria pesante 1650 circa. La figura del leone in tale foggia era detta: *"in moleca"*. Dimensioni medie 60 x 60 cm. 7: Bandiera di fanteria di reggimento sconosciuto. Dimensioni 190 x 190 cm circa. Le bandiere ai punti 5,6 e 7 sono disegni di Bruno Mugnai.

Table W - Venetian flags and standards

► **Antica monete venete in uso a Bergamo fra il 1560 e il 1650 (Priuli e Contarini).**
Ancient Venetian coins in use in Bergamo between 1560 and 1650 (Priuli and Contarini).

Orecchione, smusso tondo dell'angolo tra faccia e fianco nel *Bastione*. Serve a coprire le cannoniere del fianco ritirato.

Piattaforma: detto anche **bastione bastardo** o piatto: sporgenza della cortina con un lato parallelo e due fianchi normali ad essa.

Piazza: qualsiasi fortezza: **Piazza bassa** è la postazione di una batteria a cielo scoperto ricavata in un qualsiasi fianco quando il muro che la circonda non supera il parapetto. Nei fianchi dietro gli orecchioni si possono distinguere piazza media, piazza alta. Nella fortezza bergamasca anche la strada coperta che univa San Vigilio al Forte di san Marco era dotato di piazze.

Piazzaforte o piazze d'armi, inizialmente bastionetto minore costruito ai vertici della strada coperta, diventerà più tardi sinonimo di massima fortificazione.

Pusterla, diminutivo di porta, indica l'apertura di solito soltanto pedonale aperta nelle mura. Spesso laterale alle porte maggiori e con propria levatoia.

Redondone o **cordone** o **toro** orizzontale sagoma forica (sezione semicircolare) sporgente dalla base esterna allo scopo di ostacolare, la scalata per appoggio. Segna di solito il passaggio tra la scarpa inclinata e il proseguimento verticale soprastante.

Ritirata, opera di fortificazione provvisoria che si alza dentro altra opera (botti, gabbioni, fascine) che abbia ceduto e che si voglia disputare al nemico, chiudendone l'infiltrazione.

Rivelino, vedi anche *Mezzaluna*, opera addizionale avanzata foggiata a V e a semicerchio, anteposta e più bassa della cortina che difende, spesso coprendo anche la porta aperta sulla sua capitale. Era contornata da proprio fossato, utilizzata per il fiancheggiamento e comunicava spesso per via sotterranea con la tenaglia e la cortina retrostante. A Bergamo il forte esterno di San Domenico, di fronte a Porta san Giacomo, aveva le caratteristiche proprie del Rivelino.

Scarpa, parete del fossato contro la piazza o aggiunta posta alla base dell'opera fortificata allo scopo di rinforzarla, annullare gli angoli morti antistanti, diminuire il pericolo delle mine sotterranee.

Strada coperta, linea di comunicazione ricavata dietro lo spalto sul ciglio della controscarpa. Spesso veniva raddoppiata con una sottostante galleria segreta di controscarpa destinata, col fuoco cosi disponibile, a bersagliare le spalle dell'assediante, eventualmente calatosi nel fossato.

Tenaglia, in genere qualsiasi opera difensiva convessa. Nel fronte bastionato distingue un antemurale basso destinato a difendere il piede della cortina e a incrementare la difesa radente del fossato; serve pure a coprire pusterle e porte di sortita basse aperte sul fossato stesso.

Traditore, batterie in barbetta o in casamatta nascoste e anche sovrapposte in vari ordini scalati tra di loro nel tratto di fianco riparato dall'orecchione dei tracciati bastionati. Non visibili da chi avanza sulla magistrale del baluardo, fiancheggiavano la cortina e la faccia del baluardo attiguo e spazzavano il tratto di fossato a loro antistante.

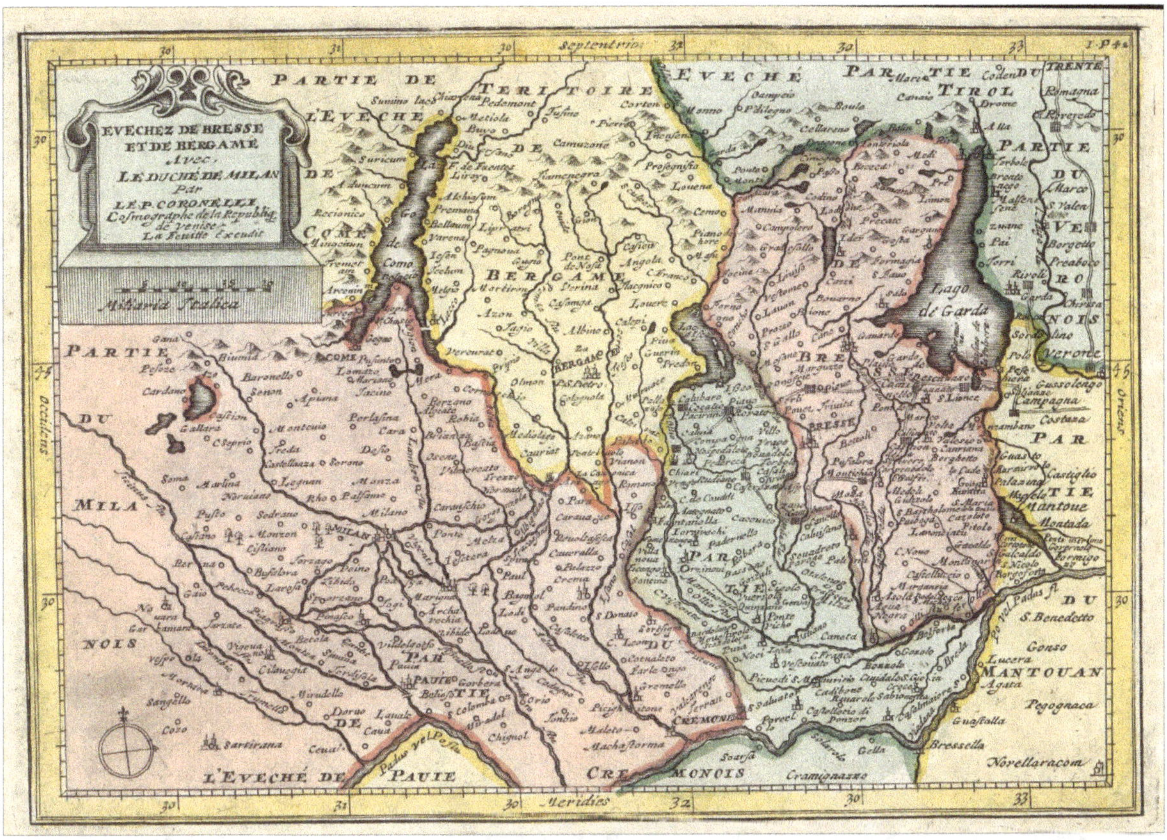

▲ **Antica mappa del bergamasco,** al confine col ducato di Milano. di anonimo su traccia di V.M.Coronelli.

Ancient map of the Venetian possessions on Bergamo district, by V.M.Coronelli.

◄ **Il leone di san Marco** presente nel cornicione di Porta san Giacomo

San Marco's lion on the stone of San Giacomo gate.

► **Ritratto di Bernardo Gritti,** Prefetto di Bergamo, opera di Carlo Ceresa, 1646. Riikmuseum Amsterdam.

Bernardo Gritti, Proprefect of Bergamo, Carlo Ceresa, 1646. Riikmuseum Amsterdam.

► **Pagina successiva. Tav. Z Guardia in servizio a Porta san Giacomo. 1650 circa.**

Next ėage. Tab Z . Man of the guard at San Giacomo fortress gate.

BIBLIOGRAFIA - BIBLIOGRAPHY

Fonti Coeve

- **Della fortificatione delle città.** Di Gerolamo Maggi, Venezia 1583.
- **Della espugnatione et difesa delle fortezze.** Di Gabriello Busca Milanese, Torino 1585.
- **Delle Fortificationi.** Di Bonaiuto Lorini, Venezia 1596.
- **Dell'arte militare libri cinque ne' i quali si tratta il modo di fortificare.** Di Geronimo Cataneo Novarese, Brescia 1608.
- **L'architecture militaire moderne ou fortification.** Di Matthias Dongen, Amsterdam 1648.
- **Difesa et offesa delle piazze.** Di Pietro Paolo Floriani, Venezia 1656.
- **Difesa et offesa delle piazze.** Di Pietro Pasolo Floriani, Venezia 1656.
- **Historia della republica Veneta.** Di Battista Nani, Bologna 1680
- **Historia della Repubblica di Venezia.** Di Michele Foscarini, Venezia 1696

Fonti moderne o contemporanee

- **Le mura di Bergamo.** A cura dell'azienda autonoma di turismo di Bergamo 1977.
- **400 anni dopo. Le strutture sotterranee delle mura venete.** A cura del gruppo speleologico bergamasco Le Nottole.
- **Sant'Agostino e le nuove fortificazioni in Bergamo.** Di E.Fornoni, Bergamo 1883.
- **L'antica basilica alessandrina e i suoi dintorni.** Di E.Fornoni, Bergamo 1885.
- **Le Mura di Bergamo.** Di A.Mazzi, Bergamo 1905.
- **Storia di Bergamo e dei bergamaschi.** Di Bortolo Belotti, Bergamo 1940.
- **Le fortificazioni di Bergamo.** Di M.Fabiani, Roma 1947.
- **Le porte delle mura di Bergamo e le loro denominazioni.** Di G.P.Galizzi
- **Bergamo d'altri tempi.** Di S.Angelini, Bergamo 1964.
- **La fortezza veneziana di Palma la Nuova.** Di Pietro Marchesi. Chiandretti editore 1986.
- **L'esercito veneto nel primo 600.** Di Alberto Prelli, Filippi Editore, Venezia 1993.
- **La Guerra di Candia 1645-69** (2 volumi) Di Bruno Mugnai e Alberto Secco, Soldiershop 2012.
- **Le trionfanti armate venete.** Di Ennio Concina, Filippi editore 1982.
- **Al Soldo della Serenissima. Le Armate Venete Nel'600.** Di Prelli e Compagni, Itinera Progetti, 2012.
- **Una città, una repubblica, un impero – Venezia 697-1797.** Di Alvise Zorzi, Verona 1980.
- **L'organizzazione militare di Venezia nel 500.** Di John Hale, Romma 1990.
- **La repubblica di San Marco.** Di Alvise Zorzi, Rusconi 1979.
- **Le armi di San Marco.** A cura della Società italiana di Storia Militare, 2011.
- **Il leone, l'aquila e la gatta.** Di Angiolo Lenci, Il Poligrafo, 2002.
- **I dogi di Venezia.** Di A.Grigniola, Demetra editore 1999.
- **Le milizie venete in Palma (1593-1797).** Di Alberto Prelli, editore Chiandetti, 1988.

TITOLI PUBBLICATI - ALREADY PUBLISHING